D0902485

Construyendo un
INFLUENCER

Antonio Torrealba
@atorreal

Construyendo un influencer
Copyright ©Antonio Torrealba
Primera edición Enero 2018
ISBN: 978-0-692-99932-5
www.antoniotorrealba.com

Diseño de portada y montaje:
Escarpia Producciones Editoriales
www.escarpia.com

Para Ludovico, Alfonsina y Octavio

CONTENIDO

PRÓLOGO

Leer este libro de Antonio Torrealba me hizo entrar en cuenta de una gran verdad: crear tu marca personal en las redes sociales es una tarea muy parecida al *fitness*. Abrir tu perfil en una plataforma digital es como inscribirse en el gimnasio. Ese primer día estás muy entusiasmado porque es el paso inicial para alcanzar tus sueños, tienes muchas esperanzas y expectativas, pero aun estás muy lejos de alcanzar tu propósito.

Así como para tener una estupenda imagen física tienes que comer sanamente, también debes alimentar tus contenidos con los mejores conocimientos y una constante actualización. En ambos casos no bastan los intentos eventuales, y tienes que ser perseverante tanto al momento de definir tu cuerpo como cuando desarrollas tu marca personal digital. Y de la misma manera que para evitar lesionarte te estiras y calientas tus músculos antes de realizar tu rutina de ejercicios, intenta publicar tus contenidos con mucha cautela y sensatez para no arruinar con una mala práctica tu reputación *online*.

Podría seguir comentando los muchos parecidos que hay entre ser *fitness* y ser un *influencer*, pero me detendré en dos aspectos en los que estoy convencida de que no se puede fallar. En primer lugar, la pasión, ese emocionarse hasta la última célula de tu cuerpo cuando haces lo que te gusta, y que es el primer y último requisito para no renunciar. Si no te apasiona la actividad física que practicas, tarde o temprano acabarás por dejarla. El segundo aspecto es la constancia: así como correr un par de veces al mes no es de mucha ayuda si no haces de esta práctica una rutina, también si no eres constante en tus publicaciones nunca verás resultados.

Convertirte en un *influencer* es, al igual que el *fitness*, construir tu imagen con un propósito definido, oficio, sudor, disciplina y método. Para ello, las siguientes páginas ofrecen claves, herramientas, consejos, prácticas, casos de éxito y errores a evitar. Nada le sobra, pero tampoco nada le falta a este libro que orienta en el mejor camino a seguir hacia la cima de la influencia.

Hacía falta un libro así. Práctico y útil para los que se inician y desean conseguir en esta actividad una lucrativa forma de vivir, **Construyendo un influencer**, de Antonio Torrealba, reduce el espacio para la improvisación, desde la introducción de los conceptos básicos, hasta aclarar las dudas que pudieran surgir sobre la creación de contenidos para los medios digitales.

Las actividades planteadas al final de cada capítulo invitan a entrar en acción, porque… podrás leer libros de recetas sanas y conocer las técnicas para entrenar, pero si no pones en práctica esas lecturas no estás haciendo nada para gozar de una buena salud y tener una formidable imagen física. Así que si quieres ser un atleta de las redes sociales y disfrutar de una estupenda imagen digital, te tendrás que esforzar para dejar de ser un extra y convertirte en protagonista de tu campo de acción.

Michelle Lewin
@michelle_lewin

PRESENTACIÓN

Los niños de antes soñaban con ser astronautas, pilotos de la Fórmula 1, bomberos, bailarines o médicos. Tras la aparición y crecimiento de las redes sociales, hoy los héroes a imitar en este milenio muestran sus talentos desde las pantallas de los teléfonos inteligentes y las tabletas: ahora los niños sueñan con ser *youtubers*, *instagramers*, destacados tuiteros y blogueros.

¡Pero no solo los niños! No hay rango de edad para el deseo de sobresalir en las redes sociales. Hoy muchos jóvenes y adultos, sin diferencia de sexo o condición económica, anhelan ser estrellas de las plataformas sociales digitales. ¿Por qué?

Pese al paso del tiempo, la esencia del desarrollo profesional y personal persigue alcanzar el propósito de siempre: todos deseamos ser líderes. Y esa es precisamente la primera y mejor definición que podemos dar de un *influencer*. Un *influencer* es un líder. Por lo que este libro sobre cómo ser *influencer* es, en principio, un libro sobre liderazgo.

Todas las cualidades que caracterizan a un líder calzan a la perfección en el perfil del *influencer*. Sabe escuchar a los demás integrantes de su grupo o comunidad, se acerca a ellos y se toma el tiempo para conocerlos bien, presta atención a sus necesidades y deseos, da soluciones, inspira, entretiene, enseña.

Ser *influencer* es una actividad fascinante. Algunos comparten con su audiencia la preparación de platillos deliciosos, otros viajan por el mundo para publicar las imágenes y los videos de esos paisajes que todos soñamos con visitar algún día, ofrecen consejos de salud, decoración o belleza, o crean situaciones humorísticas para hacer reír a su público. En ocasiones, son contratados para representar a reconocidas marcas o hacer presencia en espectáculos, pero que no nos engañe tanto *glamour*: por muy divertido que parezca, ser *influencer* es una tarea agotadora que exige disciplina y sacrificios.

Demanda muchas noches sin dormir y sentarte por horas frente al teclado para convertirte —todos los *influencers* que han comenzado desde abajo lo saben— en un hombre orquesta ocupado cada minuto de su día en pensar y producir contenidos, interactuar con su audiencia, editar y musicalizar, hasta ser administrador de las finanzas y encargado de enviar y cobrar las facturas.

El propósito de **Construyendo un influencer** es guiarte por ese camino y poner en tus manos herramientas para llegar a ser un líder digital en el área que domines. No es un manual sobre el manejo de redes. Ya abundan las publicaciones sobre ese tema. Mi propósito es ir al grano.

Las siguientes páginas buscan ser útiles mediante orientaciones que puedes empezar a aplicar desde las primeras líneas, y que son el resultado de mi experiencia en el *marketing* digital y el trabajo con *influencers* de diversas áreas, ese aprendizaje que solo se gana con la práctica del día a día.

Cada capítulo cierra con la sección «Empieza ya», donde propongo actividades para pasar a la acción de inmediato. La presentación de los capítulos responde a un orden lógico y natural en tu formación como *influencer*. Las páginas iniciales presentan los conceptos que debes tener claros qué es exactamente un *influencer*, qué lo diferencia del usuario común y corriente de las redes sociales, cómo se mide su influencia y las clasificaciones dentro de las cuales se ubica.

Más adelante ofrezco las claves para crear y desarrollar una marca personal *online* que te diferencie del resto, y cómo plasmarla en tus contenidos. Conocerás el estilo a utilizar en cada red social, y los pasos para elevar la interacción con la audiencia mediante la promoción de tus publicaciones. Despejaré tus dudas sobre cómo sacarle provecho económico a tu rol de *influencer* y poder vivir de esa actividad que tanto te apasiona. Finalmente, aprenderás a evitar los principales errores que puede cometer un *influencer*, y las maneras de superar las crisis.

Antes de seguir tu lectura, debo advertirte que no hay una fórmula mágica para alcanzar el éxito como *influencer*. Tampoco existe una receta general que, como un traje de talla única, les sirva a todos y a cada uno de los aspirantes a *influencer*. Cada quien deberá ajustar estas orientaciones a su caso personal.

El mundo digital nos sorprende cada mañana con novedades que eran impensables el día anterior. Tan cambiante escenario es una razón para cultivar la esperanza: así como las redes sociales que hoy son las favoritas mañana puede que amanezcan desplazadas por una nueva plataforma, también las celebridades que ahora brillan darán paso a las nuevas estrellas de la influencia digital.

Tú puedes ser una de ellas.

Antonio Torrealba
@atorreal

Qué es un
INFLUENCER

Para alcanzar el éxito, primero debes conocer de qué trata esta figura que estrenó otra manera de ser una celebridad.

Si estás leyendo estas líneas, sin duda ya sabes qué es un *influencer*. Y no solo eso, ¡deseas vivir de ese oficio del que todos hablan! Pero para lograr el éxito en esta actividad primero debes conocer con detalle de qué trata esta figura que hoy revoluciona nuestra manera de entretenernos, aprender, vestirnos, cocinar y ¡hasta nuestro modo de pensar!

El *influencer* es una persona con reputación dentro de determinada red social y que al expresar una opinión o compartir una idea o conocimiento en su comunidad digital, genera reacciones y mueve a la acción a sus seguidores.

Las figuras mediáticas han existido desde siempre en los medios tradicionales tales como la radio, los periódicos y la televisión, donde se les conoce como líderes de opinión. Ya en 1955, el sociólogo vienés Paul Lazarsfeld y su colega estadounidense Elihu Katz trataban en el libro *Personal Influence* el tema de cómo los mensajes de los medios eran influidos por líderes de opinión informales que difundían sus observaciones entre sus redes personales.

El término tomó auge con la aparición de las redes sociales, y aunque el anglicismo *influencer* no tiene una traducción directa al español, la Fundación del Español Urgente, Fundéu BBVA, organización asesorada por la

Real Academia Española, indica que las palabras *influidor* e *influenciador* pueden usarse en nuestro idioma.

Atrás quedaron los tiempos en que la fama solo se medía por la taquilla o el *rating*: las estrellas de este milenio esparcen su luz desde las redes sociales, y el indicador más efectivo para calcular su popularidad es la interacción de los seguidores. ¡Hoy ser famoso es ser viral!

Las redes sociales arrebataron parte de la atención antiguamente concentrada en manos de la televisión y el cine, la radio y los medios impresos de gran tiraje. El declive definitivo les espera a las figuras públicas provenientes de los medios convencionales que no hagan presencia en este nuevo foco de atención.

Tras posicionarse en el universo digital, el líder de opinión ya no es necesariamente aquella personalidad venida de los medios de comunicación convencionales. Ahora podría tratarse del hijo de la vecina que abrió un canal en YouTube para comentar los videojuegos recién lanzados al mercado, o esa prima coqueta que en un buen día decidió estrenar una cuenta en Instagram para, desde la peinadora de su habitación, recomendar la mejor manera de maquillarse.

Ya sea súbita o gradualmente, ese hijo de vecina aficionado a los videojuegos o aquella prima cuyos padres pensaron que perdía el tiempo por pasar parte del día probándose cosméticos, ganaron una activa cantidad de seguidores atentos a cada una de sus apariciones en la red. Se convirtieron en *influencers* de medios digitales. Y hoy consiguen rentables dividendos a partir de esta fascinante y ardua ocupación.

¿QUÉ LO DIFERENCIA?

Una vez aclarado el concepto de qué es un *influencer,* es preciso determinar cuáles son las diferencias entre un usuario ordinario de las redes sociales, y aquel que ejerce un impacto en las personas que le siguen en los entornos digitales. La mejor manera de aclarar estas diferencias es detallando las cualidades que definen a las celebridades de este milenio:

IDENTIFICA necesidades y deseos

OFRECE contenidos de valor

CONOCE sus habilidades y conocimientos

MUEVE a la acción

CONOCE SUS HABILIDADES Y CONOCIMIENTOS

Todos tenemos habilidades y destrezas que nos hacen sobresalir del resto de las personas. Muchas de estas facultades son innatas, mientras que otras se desarrollan y van perfeccionándose durante el transcurso de la vida. Así que, como primer consejo, te sugiero revisarte a ti mismo e identificar las destrezas, aptitudes, competencias, cualidades, gustos y conocimientos que domines y te apasionen.

Muchos aspirantes a *influencers* cometen el error de probar suerte en un sector que está de moda o es rentable, pero fracasan porque incursionaron en un área ajena a su experiencia, o porque no les apasiona lo que hacen. Para evitar cometer este error, pasemos a estudiar las diferencias entre profesión, ocupación y pasión:

Profesión

Se trata de la actividad para la que te has preparado mediante estudios académicos y en la que muestras credenciales y cierto grado de especialización.

Ocupación

Es el conjunto de funciones, obligaciones y tareas que desempeñas en tu trabajo y que conlleva una retribución económica. Se relaciona con un oficio y en ocasiones no exige estudios para su realización.

Pasión

Son esas actividades que amas hacer, que realizas con entusiasmo y que te llenan de satisfacción sin pretender cobrar por ellas ni un solo centavo. Si tuvieras mucho dinero y no tuvieses que trabajar para vivir, ¿qué actividad elegirías para ocupar tu tiempo? ¡Esa es tu pasión y la clave para seguir tu rumbo como influenciador!

- La idea es combinar y hacer que coincidan profesión, ocupación y pasión: que te profesionalices en esa actividad que te apasione y la conviertas en tu ocupación. Te invito a ponerte el corazón en la mano e identificar cuáles temas te apasionan y en los que te sientas capaz de expresarte con propiedad.

- Descubre en ti la mezcla exacta entre qué sabes hacer y aquello que te quita el sueño. Cuando eres *influencer*, tu pasion pasa a ser tu ocupación y, tras especializarte en ella, también tu profesión.

IDENTIFICA NECESIDADES Y DESEOS

Primero establezcamos la diferencia entre necesidades y deseos. Mientras las necesidades se refieren a los asuntos esenciales que debemos satisfacer para vivir, los deseos abarcan cosas concretas para cumplir con las necesidades. Por ejemplo, comer es una necesidad, pero que nos apetezca una pizza para cenar, es ya un deseo. Esto es importante diferenciarlo porque hay una verdad tan grande como el sol: se sigue a un *influencer* para satisfacer necesidades y deseos.

Una vez que tengas claras tus habilidades, gustos, conocimientos y pasiones, piensa cómo reunir todos esos elementos en contenidos que sirvan para resolver, mediante el uso de las plataformas sociales, las necesidades y los deseos de tu audiencia.

Un vistazo a la Pirámide de Maslow, o jerarquía de las necesidades humanas propuesta a mediados del siglo pasado por el psicólogo estadounidense Abraham Maslow, es de gran provecho para identificar aquellas necesidades que mueven al ser humano:

REALIZACIÓN
Desarrollo potencial

AUTOESTIMA
Respeto, confianza

SOCIALIZACIÓN
Afecto, diversión

SEGURIDAD
Vivienda y empleo

FISIOLÓGICAS
Comida, sexo, salud

Estudiar con detenimiento los diferentes niveles de esta figura abre un repertorio de opciones para trabajar:

• Ante la necesidad de las personas de sentirse seguras, por ejemplo, puedes ofrecer consejos de finanzas personales para cubrir los requerimientos de casa y alimentación.

• Todos los niveles de la pirámide muestran áreas potenciales para un *influencer* de una u otra especialidad, desde ofrecer indicaciones para satisfacer las necesidades de reconocimiento, hasta sugerencias sobre éxito y afecto.

OFRECE CONTENIDO DE VALOR

No basta con haber reconocido tus habilidades, pasiones y conocimientos para luego cruzarlas con las necesidades y los deseos que la gente requiere satisfacer. El paso siguiente es plantear soluciones. La **ÚNICA** alternativa —y lo escribo en mayúsculas y subrayado— es ofrecer contenido de valor, útil y de calidad.

Una de las definiciones que el Diccionario de la Real Academia Española da al término «influencia» es «poder o autoridad con cuya intervención se puede obtener una ventaja, favor o beneficio». Acá la palabra clave es beneficio:

- Tus seguidores deben obtener un beneficio de ti. Para ser considerado un *influencer*, tu audiencia necesita verte como un recurso.

- ¿Cómo conseguir eso? Asegúrate de que luego de ver tus publicaciones, tu audiencia se lleve algo —ya sea una opinión, un dato, un consejo o una sonrisa— que antes no tenía.

- Pero dar valor a tu contenido no depende del *influencer,* sino del valor que cada usuario le dé: cada contenido cuenta con su público, y lo que a unos les será de gran utilidad, a otros les resultará totalmente inútil. Así, mientras a muchos usuarios no les interesa seguir a humoristas o a expertos en cuidado personal, otros consumen vorazmente este tipo de contenido.

MUEVE A LA ACCIÓN

Una vez identificados tus conocimientos, habilidades y pasión, y presentados dentro de un contenido de valor que satisfaga las necesidades y deseos del público, será cuestión de tiempo para que la audiencia se agrupe a tu alrededor. Pero ese no es el final del recorrido: el siguiente paso es hacer que tus seguidores tomen acciones.

Por acciones me refiero, en primer lugar, a que interactúen contigo y entre sí. Esto podría ser desde dejar un comentario a tu publicación, compartirla con sus seguidores, etiquetar, responder los llamados de acción que has puesto en tu mensaje, como, por ejemplo, visitar un enlace o suscribirse a tu lista de correo. En caso de que promociones una marca, que se interesen por ella. Dicho en dos palabras: generar interacción.

● Si algo caracteriza a un *influencer* es su capacidad de generar conversación en torno a un tema y, a partir de ahí, mover a la acción.

● Conozco a muchos usuarios de redes sociales que abultan en su cuenta una gran cantidad de seguidores, pero que no generan ningún interés luego de emitir una opinión o recomendar una marca. Si su convocatoria no obtiene ninguna respuesta, esa persona, pese a que acumule un grueso número de seguidores, no puede ser calificada de *influencer.*

¿CÓMO SE MIDE? CALIDAD SOBRE CANTIDAD

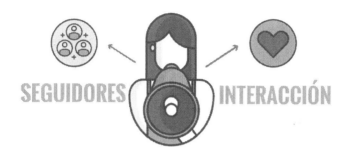

SEGUIDORES INTERACCIÓN

NÚMERO DE SEGUIDORES

Quedó en el pasado creer que un *influencer* es el usuario de redes sociales que reúne a una voluminosa cantidad de seguidores. No es así. La capacidad o poder de un *influencer* no se mide por el número de sus seguidores, sino por el poder de convencimiento que ejerza entre los miembros de su comunidad.

Internet ofrece muchas herramientas para obtener miles de seguidores en cuestión de minutos. Hecho esto... ¿ya puedes considerarte un *influencer*? Pues no. Esas muchas cuentas que en ocasiones inflan artificialmente un perfil de determinada red social, en ningún momento interactúan con el propietario de ese perfil ya sea porque no les interesa lo que diga, o porque en muchos casos ni siquiera existen, no hay personas detrás de ellas.

Con la venta de seguidores, los únicos que ganan son las empresas que cobran por aumentar la cantidad de seguidores, sin beneficio alguno para quien las contrató. Así que no te dejes seducir por anuncios que ofrezcan soluciones instantáneas como «Gana 100 000 seguidores en un día» o «¡Aumenta tu interacción con solo un clic!». El usuario puede comprar muchos «Me gusta», comentarios, visualizaciones de vídeo y seguidores, imiles y hasta millones si su presupuesto se lo permite! Lo que nunca podrá comprar es interacción orgánica. Hasta ahora no se ha inventado una herramienta que la ofrezca.

Hasta los más famosos son tentados por esta maniobra de la que debemos huir a toda costa. Recordemos los casos de la *celebrity* Kim Kardashian, quien perdió casi un millón y medio de seguidores luego de que Instagram la sancionara al averiguar que muchos de los que integraban esa supuesta multitud habían sido comprados. Igual pasó con el mismísimo Justin Bieber, con ¡3,5 millones! de seguidores arrebatados en 24 horas por querer aparentar en sus redes más gente de la que realmente convocaba, tal como informó en su oportunidad el portal BBC Mundo.

- Nunca recurras a estos métodos artificiales. El verdadero camino es el trabajo constante que te haga ganar a pulso seguidores orgánicos. Y este es otro concepto que has de tener claro en tu trayectoria como *influencer*: conseguir seguidores orgánicos que demuestren un interés genuino por tus contenidos y reaccionan ante él, sin que haya existido una inversión monetaria de por medio.

- Antes de contratar los servicios de un *influencer*, las empresas de *marketing* analizan con detenimiento la naturaleza de su audiencia. En caso de descubrir que gran parte de esos seguidores fueron conseguidos de manera fraudulenta, no lo contratan y el *influencer* entra en una espiral de desprestigio que se extiende a otros posibles patrocinadores y marcas interesadas.

INTERACCIÓN: LA HORA DEL *MICROINFLUENCER*

Ya dijimos que no es el número de seguidores lo que define a un *influencer*, sino el grado de interacción que ese grupo de personas establezca con quien maneja un perfil en una red social. Cabe preguntarse ahora si se puede llamar *influencer* a una persona con una alta tasa de interacción entre sus seguidores, pese a que estos apenas lleguen a 500. ¡Por supuesto que sí!

La figura del *microinfluencer* terminó de arrasar con la creencia de que un *influencer* lo es a partir de una gran cantidad de seguidores. El *microinfluencer* es quien maneja un público relativamente pequeño en cantidad, pero con una altísima interacción. Un influenciador de este tipo puede que maneje solo 1000 seguidores, pero si hace una pregunta a su audiencia y gran parte de ese público le responde, ya puede ser considerado un *microinfluencer*.

Lo de *micro* no ha de ser un prefijo a despreciar. Un estudio realizado por el New York Times apunta que los *microinfluencers*, con cuentas de no más de 30 000 seguidores, gozan de mayor interacción que aquellos *influencers* que agrupan millones de seguidores debido a que el compromiso de la comunidad disminuye cuando se alcanza cierto umbral de espectadores.

Esta investigación señala que alrededor del 60 % de participación en una campaña en redes sociales es impulsada por los *microinfluencers,* quienes al momento de promocionar una marca resultan 6.7 veces más eficientes que los influenciadores con un número descomunal de fans.

Las marcas saben esto, por lo que hoy deciden dividir el presupuesto de una campaña en varios *microinfluencers*, en vez de destinarlo a un solo influencer que, aunque tenga un gran número de seguidores, no garantiza un poder de convencimiento determinante sobre ellos.

HERRAMIENTAS DE MEDICIÓN

Existen herramientas que facilitan identificar el tipo de conversación generada por un *influencer*, así como la organicidad y el nivel de interacción de sus seguidores:

Klout

• Esta herramienta califica del 1 al 100 según el grado de influencia, permitiendo crear una lista de *influencers* de acuerdo a la categoría que dominen.

Score for Instagram

• Es una aplicación que califica de 1 a 10 a los *influencers* en Instagram. Maneja variables como el número de seguidores, comentarios y cantidad de «Me gusta», entre otras opciones.

Trolldor

• Es una herramienta web (www.trolldor.com) orientada a detectar tanto a posibles *trolls* como al *influencer* más confiable por la calidad de sus contenidos y, muy importante, si ese usuario ha comprado seguidores.

Klear

• La utilidad de la dirección klear.com identifica *influencers* en Twitter, y divide los perfiles en más de 40 000 categorías diferentes.

Buzzsumo

• Herramienta disponible en www.buzzsumo.com muy recomendable para identificar temáticas, contenidos, relevantes, métricas y estadísticas.

 # ¿VIVIR DE INFLUENCER?

La pregunta cuya respuesta todos quieren saber: ¿se puede vivir de ser *influencer*? Definitivamente sí. Recordemos el caso de PewDePie, el joven sueco que a inicios de la década del 2010 comenzó a publicar en YouTube sus comentarios sobre los videojuegos que le apasionaban. Tras abandonar sus estudios para dedicarse a esta afición, vendió perros calientes para sobrevivir.

Pero fue breve su paso frente a los tarros de salsa y las salchichas: ya para mediados de 2016 alcanzaba casi los 60 millones de suscriptores, con ingresos de varios millones de dólares anuales, e incluido por la revista Times entre «Las 100 personas más influyentes del mundo».

El de PewDePie es uno de los más estruendosos casos de éxito, pero son muchas las posibilidades de que un *influencer* logre importantes beneficios económicos. Ya hablaremos con detenimiento sobre esto en el capítulo sobre rentabilidad, pero te adelanto que el *influencer* se ha convertido en la joya de la corona del *marketing*.

Los consumidores se ponen recelosos cuando las propias compañías intentan convencerlos de comprar algún producto o servicio, prefiriendo depositar su confianza en las personas de carne y hueso: los *influencers*.

Según un estudio realizado en España por la marca Movistar, denominado *El influencer. ¿Cómo influyen las personas relevantes en redes sociales?*, el 56 % de las mujeres y el 54 % de los hombres han tomado en cuenta las sugerencias de personas a las que siguen en entornos digitales sociales. Varias razones llevan a que el *influencer* destaque hoy como el más efectivo prescriptor de marcas: cuenta con seguidores propios que lo ven como un personaje cercano y con poder de convencimiento.

También, el sistema de publicidad tradicional lleno de avisos rebosantes de rostros con caras de modelos desconocidos o de famosos de la televisión sin mayor vínculo con el producto o servicio que promocionan, está dejando de funcionar. Por eso las firmas incluyen cada vez más a influenciadores en sus planes de ventas. Esta disciplina hasta tiene nombre propio: *Influencer marketing,* la línea presupuestaria con mayor crecimiento en los planes de comunicación comercial.

LAS CLASIFICACIONES

POR SU ORIGEN

Hay diferentes maneras de clasificar a los *influencers.* Una primera es a partir del origen de su popularidad:

El nativo digital

La red es su ecosistema natural, allí nacieron y allí se hicieron populares. Su fuente de origen no es la radio o la televisión, sino blogs, páginas web y, principalmente, perfiles en entornos sociales. Se trata de personas *de a pie* que despiertan un sólido compromiso con su audiencia.

Pese a provenir de estos nuevos medios, su influencia puede llegar a ser igual y hasta mayor a la de las celebridades convencionales. Según una encuesta de la publicación Variety entre adolescentes estadounidenses de entre 13 y 18 años, algunas personalidades de YouTube fueron calificadas más populares que celebridades como Jennifer Lawrence.

La celebridad *offline*

Se trata de la personalidad proveniente de algún medio o sector tradicional —radio, cine, televisión, periodismo, deporte, política, artes plásticas o cualquier otro espacio con figuras destacadas— que incursiona con éxito en las redes sociales. En un primer momento, destaca en la red como efecto rebote de su popularidad en el mundo *offline*.

Les caracteriza un importante seguimiento de fans que los admiran en «la vida real» y que ahora, a través de las plataformas digitales, buscan estar al día sobre sus ídolos. Ejemplos de ellos son el deportista español Cristiano Ronaldo y la cantante Rihanna, quienes, tras labrarse la fama en sus respectivas disciplinas, trasladaron a sus seguidores a los medios en línea.

Los famosos provenientes de los medios convencionales disfrutan por sobre los nativos digitales de una gran ventaja: no parten de cero. Traen a sus espaldas una legión de seguidores que los apoyan y que quieren saber de ellos. Más que crear una comunidad, se reconecta con un público que esperaba por ellos en las redes.

• Ya seas un artista, un periodista o cualquier otra personalidad que cuenta con una presencia importante en los medios tradicionales, es importante que administres dentro de las redes la fama que te antecede. ¿Cómo explotar la fama o reputación precedentes? La primera regla: no decepcionar.

• Por supuesto que las redes son el mejor medio para que los famosos mantengan al tanto a sus seguidores de sus actividades, visitas a medios y programas de televisión. Pero muchos abusan de estos canales sociales como medio de promoción para divulgar las obras, series, películas, canciones o emprendimientos en los que participan. Y esa no es la idea. Al menos, no toda la idea.

• Claro que tus fans desean conocer sobre tu agenda, pero eso no será suficiente. Disfruta compartiendo tu mirada del mundo y permíteles a tus admiradores conocerte sin intermediarios. Crea contenidos cercanos para interactuar, publica tus encuentros entre amigos, aspectos controlados de tu intimidad, tu cara de recién levantado de la cama, tus opiniones, por muy polémicas que sean, sobre el acontecer político, sienta posición sobre ese escándalo del que todos hablan... en fin, sé una persona. Y no solo un afiche promocional en línea. El público desea recibir mensajes útiles, cálidos y cercanos. No *spam*.

• Lo comentado hasta ahora no corresponde solo a las estrellas del espectáculo, actores, cantantes, animadores, locutores o presentadores de televisión. Reinventar la popularidad sobre la tarima digital también debe importarle a todo aquel líder que ha cultivado su reputación en el deporte (recordemos los rentables e inigualables que son Cristiano Ronaldo, LeBron James, Neymar, Rafa Nadal y Gerard Piqué tanto en la cancha como el mundo de los bites), las artes plásticas, la ciencia, la labor social, las leyes, la escritura, la ecología y la política.

POR LA TEMÁTICA TRATADA

Además de su origen, el tema que trate un *influencer* en sus contenidos lo ubica en determinada categoría, desde la música o los consejos de autoayuda, las relaciones sentimentales o las novedades tecnológicas. El universo de opciones es infinito.

La revista Forbes entrega anualmente una clasificación con las doce categorías que agrupan al mayor número de influenciadores: Hogar, *Fitness*, Belleza, Comedia, Viajes, Juegos, Moda, Entretenimiento, Gastronomía, Tecnología, Negocios, y Deportes:

Hogar   Deportes

Cocina   Belleza

Fitness   Gamer

Negocio   Comedia

Show   Tecnología

Viajes   Moda

De esta gran clasificación, nos atrevemos a resaltar los seis tipos de *influencers* más cotizados según el tema que manejan. Cada cual cubre, dentro de su área, algunas de las necesidades y deseos que hablamos en la Pirámide Maslow:

 **El *gamer***

Atrás quedaron los tiempos en que pasar horas y hasta días manipulando un joystick era un pasatiempo «mal visto» por los padres. El *influencer gamer* es muy atractivo para las marcas del sector porque agrupa a un público extremadamente fiel y *org*ánico. Matt Haag, conocido por el alias Nadeshot, ha conseguido reunir en su canal de YouTube a millones de fanáticos. Además del ya mencionado PewDiePie, el hawaiano @markiplier, especializado en comentar videojuegos con temática de horror, suma billones de vistas a sus videos.

Destacan también Rubén Doblas Gundersen, alias ElRubius, *youtuber* malagueño que ha 'enganchado' a casi 27 millones de suscriptores a su canal, así como Guillermo Díaz, mejor conocido como WillYrex, quien brilla por su nivel de compromiso: comparte al menos un vídeo al día con sus casi 12 millones de suscriptores.

 El comediante

El entretenimiento y la comedia son las bases de su contenido. Su propósito es hacer reír a sus seguidores y que estos pasen un momento ameno durante el visionado de su publicación. Generalmente no dicen nada que no le pase a la mayoría de las personas, pero ese es el secreto de su éxito: todos nos sentimos identificados con las situaciones que narran e inmediatamente etiquetamos a un amigo o lo compartimos en nuestros propios perfiles. Un gancho que ha comprobado su eficacia en este rubro es la parodia: recrear un video famoso de You-Tube o de algún otro medio tradicional, ofreciéndole un giro gracioso, es una estrategia para aprovechar el auge de producciones exitosas y, de paso, aparecer en Google cuando los usuarios busquen el video original.

El *healthy / fitness*

Enseña a sus seguidores a seguir un estilo de vida saludable mediante consejos sobre la buena alimentación y la realización de ejercicio físico. Se dividen en dos grandes segmentos: aquellos que tratan la nutrición y recetas beneficiosas para la salud, y quienes se enfocan en rutinas de ejercicios. Ocasionalmente, ambas disciplinas llegan a cruzarse entre sí.

Por tratarse de un tema que incide en la salud, quienes gozan de mayor credibilidad son aquellos influenciadores con certificaciones y estudios de nivel superior. Ser ejemplo de lo que predican también es una de sus principales credenciales: poca credibilidad tendría un instructor *online* de ejercicios que mostrara una hilera de rollitos a lo largo de su cintura, o aquella «especialista» del buen vivir pero que, al fondo del video desde donde ofrece sus consejos de salud, se asomara con descaro un cenicero lleno de colillas de cigarrillos.

Dentro del top de esta categoría se encumbran la venezolana Michelle Lewin (@michelle_lewin), diva del *fitness* que se inició en el deporte a la edad de 17 años y que hoy despunta como una de las más sobresalientes del sector.

Fashion y estética

Los diseñadores y estilistas eran quienes hace unos años fijaban las pautas del *fashion* mediante su aparición en revistas especializadas, la radio y la televisión. La llegada de las redes sociales hizo que, desde sus alcobas, una ola de chicas y chicos comenzara a imponer tendencias.

Como referencia resalta la gallega Alexandra Pereira, nombre detrás de @LovelyPepa y cuya pasión por la moda, los viajes y la fotografía la ha llevado a colaborar con marcas de renombre tales como Louis Vuitton, Loewe, Tous y Carolina Herrera. A su lado sobresale Paula Ordovás, periodista de moda al frente de @MyPeepToes, quien gracias a su amplio conocimiento de los diferentes estilos ha cautivado a firmas del calibre de Dior, Bvlgary, Elie Saab, Armani, YSL Beauty, Tiffany and Co y Lancôme, entre otras. Y no nos olvidemos de las reinas de la pantalla chica, el clan Kardashian.

Este rubro incluye a los *influencers* que, además de los trapos, plantean recomendaciones estéticas y de maquillaje. Acá despunta la vietnamita Michelle Phan, quien luego de que en 2006 dejara de servir mesas en un restaurante de sushi, hoy resalta como una de las más influyentes estrellas de YouTube y rostro de firmas como Lancôme. Y la venezolana Mariale Marrero, quien comenzó su carrera en YouTube en 2010 para hoy acumular alrededor de 700 videos en su canal, más de 4,8 millones de seguidores únicos y una nominación en la categoría «Styler del Año» en el MTV MIAW Premios 2017.

 ## Los chefs y *foodies*

No solo tenemos que comer: también queremos comer sabroso. Esta combinación entre necesidad y placer lleva a que cocineros principiantes y acreditados chefs abran las puertas de sus cocinas para dar a conocer a través de las redes sociales sus trucos culinarios y recetas.

Esta modalidad ofrece numerosas ventajas: a partir de la edición de los clips de un video, en pocos minutos iy hasta segundos! se puede resumir el largo proceso de elaboración de una receta, lo que ha llevado que este apetitoso rubro desplace al libro de preparaciones o los programas de televisión sobre el tema. Y si no sabes cocinar, ino importa! El *foodie, food lover,* comensales y catadores de vinos con un paladar privilegiado, también han encontrado su nicho en el reino digital.

 El viajero

Las redes sociales han convertido la pasión de viajar en un rentable modo de vida. Los agrupados en esta categoría suelen mostrar las incidencias de sus travesías por hermosos paisajes, como es el caso del fotógrafo profesional, cineasta e *instagramer* Jackson Harries (@ jackharries), quien transforma sus andanzas por el mundo en historias que han seducido a millones de usuarios así como a marcas del calibre de Marriott y Skype.

En esta clasificación hay para todos los gustos. Está el viajero que gusta alojarse en lujosas habitaciones de hoteles 5 estrellas, mochileros que cada noche levantan su carpa a un lado del camino y publican en las redes su contacto con la naturaleza, amantes de la adrenalina y los deportes extremos, hasta guías que orientan dónde pasar unas apacibles vacaciones familiares.

POR SU TIPO DE CONOCIMIENTO

Las páginas de este libro no alcanzarían para exponer las posibles clasificaciones de *influencers*. Más adelante hablaremos de los diferentes tipos que existen según la ubicación geográfica y la relación que establecen con las marcas. Por los momentos, ofrezco una tercera división a partir del grado de especialización. Las marcas toman muy en cuenta esto al momento de contratar sus servicios:

• Especialista en sector de referencia

Se trata del experto de cierta área de actividad que identifica cambios, tendencias y hábitos de compra. Maneja un perfil más consultivo que técnico y suele estar asociado al concepto de *gurú*. Acostumbra colaborar con medios de comunicación y en eventos corporativos.

• Especialista de categoría de producto

Al contrario que el anterior, se trata del especialista en una categoría de productos y que analiza en profundidad los aspectos técnicos y el nivel de innovación. Se caracteriza por ser un activo *blogger* que también participa en foros y redes sociales.

• De nicho

Tiene un conocimiento profundo de ciertas áreas del mercado. Por lo general, desarrolla consultoría a empresas y maneja blogs con una audiencia no muy alta pero sí altamente participativa. Es un prescriptor estimado por su independencia y autonomía al momento de opinar.

• Generalista

Desarrolla una actividad periodística y sus opiniones son muy valoradas gracias a su actualidad y pertinencia.

• De tendencia

Encarna el sueño dorado de todo *influencer*: crear tendencias. Experto en su categoría y altamente creativo, establece nuevas reglas de juego en el campo donde se desempeña.

• Ocasional

Suele ocupar cargos destacados en la política o el sector privado, y colabora eventualmente en blogs o redes sociales con contenidos que alcanzan importantes niveles de repercusión.

• De referencia

Es el tipo de influenciador indirecto que las marcas emplean dentro de sus canales de comunicación corporativa para que sirvan de referencias de sus servicios o productos. Se reúnen bajo la categoría «casos de éxito».

- **Por imitación**

Acostumbra a compilar contenidos ajenos para versionarlos y, en algunos casos, hacerlos pasar como propios. Aunque no son muy originales, sus publicaciones cuentan con mucha audiencia.

- **Anónimo**

Por supuesto que debíamos incluir a este sector del que los mortales comunes y corrientes formamos parte: ¡los propios consumidores de marcas! Se trata de la muchedumbre «anónima» pero que resulta ser la verdadera reina de las redes y la que, a final de cuentas, decide cuál contenido será viral o un rotundo fracaso.

★ **PUBLICA** un tuit donde describas lo que te apasiona, utilizando el *hashtag* #ConstruyendoUnInfluencer.

★ **UBICA** en la Pirámide de Maslow aquellas 2 áreas en las que te gustaría incursionar:

1) _____

2) _____

★ **NOMBRA** a 3 *influencers* destacados dentro de tu sector:

1) _____

2) _____

3) _____

★ **ANOTA** las opciones con las que podrías capacitarte profesionalmente en aquella actividad que te apasiona, ya sean cursos *online*, talleres, centros de estudio o lectura de libros, y así combinar en una misma área tu ocupación y tu pasión.

_____

_____

_____

_____

_____

Crea tu
MARCA PERSONAL

Conoce los pasos y elementos para crear y desarrollar una sólida marca personal en línea.

Muchos suponen que la «marca personal» se aplica solo a celebridades del *show business y* destacados nombres como Cristiano Ronaldo o Beyoncé, cuando en realidad este concepto incumbe a todo profesional que aspire a sobresalir en su área. Y ser *influencer* no es más que crear, desarrollar, rentabilizar y mantener en las redes sociales la propia marca personal.

Numerosas son las definiciones que se le han dado al *personal branding*. Para Jeff Bezos, CEO de Amazon, la marca personal es «lo que dicen de ti cuando tú no estás delante». Es la huella que dejamos en las personas, cómo nos perciben los otros; en fin, es la combinación de personalidad, habilidades, aptitudes, pasiones, expectativas, conocimientos y experiencias que te hacen único. Tu marca personal es tu esencia vista por la mirada de los otros.

En la época de los *mass media* solo los famosos disfrutaban de marca personal. Quienes se encontraban fuera de los circuitos de la radio, los periódicos, el cine o la televisión, veían muy limitadas sus posibilidades de sobresalir en su sector.

Ahora, gracias a los entornos digitales, en manos de todos se encuentra la posibilidad de construir y desarrollar tu marca personal tras posicionarte como un experto en determinada materia, y gestionar un perfil como si fuera el de una marca corporativa.

CONÓCETE: ANÁLISIS DOFA

Antes de comenzar la creación de tu marca personal en las redes sociales, debes conocerte a ti mismo, saber quién eres, hacia dónde quieres llegar, con qué herramientas cuentas para lograrlo, qué te apasiona, así como aquellos obstáculos que puedes encontrar en el camino y que te dificultarían alcanzar tu propósito. Estas son preguntas cuyas respuestas debes manejar porque, si no te conoces bien a ti mismo... ¿cómo esperas que tus seguidores lleguen a conocerte?

Si estás desorientado sobre cómo iniciar este paso del autorreconocimiento, recomiendo aplicarte el análisis DOFA, herramienta de estudio que busca identificar tus cualidades internas (debilidades y fortalezas) y las situaciones externas (amenazas y oportunidades) en una matriz cuyos resultados brindará la guía a seguir para ser un *influencer* exitoso.

DEBILIDADES

OPORTUNIDADES

FORTALEZAS

AMENAZAS

Tu marca personal debe estar ligada a tus fortalezas internas y a las oportunidades que encuentres en el entorno para desarrollarlas. Es importante adelantar esta lista con tus puntos fuertes y débiles, sin caer en la tentación de proyectar en ti características ideales con los que realmente no te identificas. No te interesa construir tu *personal branding* sobre aspectos que se alejen de lo que realmente eres.

Tras el ejercicio con la matriz DOFA, responde las interrogantes que te planteo a continuación:

★ ¿Qué me hace diferente?

_____

_____

_____

_____

_____

_____

_____

_____

★ ¿Cuál es mi historia personal y experiencia de vida que merecen ser contadas?

_____

_____

_____

_____

_____

_____

_____

_____

★ ¿Qué quiero y puedo ser?

_____

_____

_____

_____

_____

★ ¿A cuáles áreas quiero que me asocien?

_____

_____

_____

_____

_____

★ ¿Qué puedo ofrecerle a mi audiencia?

_____

_____

_____

_____

_____

_____

_____

★ ¿Cuáles son mis habilidades y los recursos con que cuento fuera y dentro de mí para alcanzar mis objetivos?

_____

_____

_____

_____

_____

_____

★ ¿Qué limitaciones internas podrían entorpecer mis aspiraciones?

_____

_____

_____

_____

_____

_____

★ ¿Cuáles son mis limitaciones externas?

_____

_____

_____

_____

_____

_____

★ ¿Cuáles oportunidades puedo encontrar en mi entorno que me ayuden a potenciar mi marca personal?

_____

_____

_____

_____

_____

_____

_____

_____

LAS CUALIDADES

Aunque los elementos que integran la marca personal se pueden aplicar a todo profesional que desee sobresalir en su área, hay unas características específicas que tocan muy de cerca a quien aspire a destacar en las redes sociales. A continuación te menciono esas cualidades imprescindibles y los consejos necesarios para hacer realidad tu deseo de ser un cotizado *influencer*:

♥ ¡APASIÓNATE!

¡Haz lo que te apasiona! Si llegara a fallar este requisito ten por seguro que todo será tiempo perdido. La pasión ha de ser la guía que marque tu camino. Cuando baje la motivación, si no llegan los resultados esperados o te tienta la idea de tirar la toalla, la pasión es lo que te empujará a seguir. Los apasionados son productivos, lo que te llevará a que las horas de trabajo pasen placenteramente y a combatir el cansancio. Y así los beneficios económicos no aparezcan en el tiempo esperado, ya gozar de lo que haces es un privilegio.

Concéntrate en lo que te quita el sueño

• ¿Adoras preparar postres y compartir con tus parientes y conocidos tus trucos de cocina? ¡Pues ese es tu camino en las redes! ¿Disfrutas contar anécdotas divertidas y ver cómo tus amigos se desarman de la risa? Qué esperas para usar los medios sociales a tu favor, ¡un prometedor camino como comediante espera por ti!

• Por el contrario, si la cocina o la comedia no son lo tuyo y piensas incursionar en estas actividades solo porque son rentables, no disfrutarás de lo que haces y al primer obstáculo abandonarás tu propósito. Sin mencionar que tu audiencia notará tu falta de pasión.

Orienta tu pasión para sacarle provecho

• Condúcela para que te genere los beneficios esperados. Porque no solo de pasión vive el hombre, define metas a corto y largo plazo para que prosperen tus acciones en las redes sociales. En las próximas páginas aprenderemos a encaminar por la mejor ruta financiera eso que tanto te emociona.

 # SÉ TÚ MISMO

Tomé como título de este segmento una frase del inimitable escritor británico Oscar Wilde: «Sé tú mismo. Ya los demás puestos están ocupados». Tu estilo, tu forma de hablar, de vestir, de comportarte, de realizar determinada actividad y hasta de equivocarte… todo ello es tu esencia, eso eres tú. Y como tal debes mostrarte.

Ser tú mismo es ser natural

• No te muestres como una persona engolada, tiesa, forzada o ensayada. La pose es veneno para las redes sociales. Independientemente de que seas humorista o un experto en moda, se tú mismo, con tus virtudes y defectos.

• ¿Eres sarcástico, dulce o gracioso? Cualesquiera que sean los rasgos resaltantes de tu personalidad, muéstralos tal como lo haces cuando estás en compañía de familiares o amigos. Tu audiencia detectará la hipocresía, y buscará en otra parte a quien sí le muestre autenticidad.

Exprésate desde tu verdad

• En vez de esconderlas o minimizarlas, sácales provecho a tus idiosincrasias, esas «rarezas» de tu personalidad que te hacen único. Que no te avergüence mostrar tu personalidad frente a los demás. Recuerda la frase del desaparecido cantante estadounidense Kurt Cobain: «Prefiero ser odiado por lo que soy, que amado por lo que no soy».

No temas que te critiquen

• Las redes son un medio implacable donde el pasatiempo de muchos es reprochar lo que los demás hacen. Así que, hagas lo que hagas e indiferentemente de la manera como te muestres, seguro serás criticado y recibirás tanto agradecimientos y cumplidos, como ofensas y ataques.

Trabaja tu autoestima

• Una autoestima fortalecida es la armadura necesaria para sobrellevar las críticas, algunas de ellas constructivas y a considerar para mejorar tu desempeño, mientras muchas otras solo persiguen herir y provocar. En cualquier caso, vale recordar de nuevo acá otra frase del gran Oscar Wilde: «Que hablen mal de uno es espantoso. Pero hay algo peor: que no hablen».

 # COHERENCIA

La coherencia es un principio básico para crear una marca personal sólida. Este aspecto está relacionado con la armonía entre los diferentes elementos que conforman tu marca personal, desde la elección del nombre hasta la identidad gráfica que reflejará tu personalidad. Para esta primera etapa de tu formación como *influencer*, presta atención a los siguientes elementos que deben guardar coherencia entre sí:

Elige un nombre único

• Parece un asunto evidente, pero el nombre con que se te conocerá en las redes sociales es una elección en la que se equivocan muchos aspirantes a *influencer*. Debe ser único e inconfundible, fácil de memorizar y siempre el mismo en las diferentes redes.

• Utiliza un apodo, una abreviación o, preferible-mente, el nombre propio, que es la mejor marca distintiva que te acompañará a lo largo de toda la vida. También puedes elegir un alias que, aunque no sea tu nombre, identifique tu campo de acción.

• El nombre de tu marca personal no debe sobrepasar los 15 caracteres para que no se dificulte utilizarlo en las diferentes redes sociales.

• Evita el uso de signos difíciles de transcribir en el teclado. Tampoco es buena idea rellenar con palabras o guiones el nombre para crear, cual monstruo de Frankenstein, un perfil parecido al de tu marca. Ambos errores entorpecerán la escritura de tu nombre y, en consecuencia, que tus seguidores te recomienden con facilidad. También debe ser fácil de pronunciar para ayudar a su divulgación mediante el boca a boca.

• Averigua primero si el nombre elegido se encuentra disponible en las principales redes sociales. Revisa esto en www.namecheckr.com. Puede pasar que, tras abrir tu cuenta en Facebook e Instagram, te dispones a incursionar en Twitter con el flamante nombre que decidiste para tu marca personal y… ¡Oops!, ya está tomado por otro.

• Si el nombre seleccionado está ocupado, revisa si esa cuenta permanece actualizada. De no ser así, ponte en contacto con los manejadores de la red para que te la cedan, o con el usuario original mediante un mensaje directo (aunque prepárate, pues seguro querrá vendértelo). De no llegar a un acuerdo, piensa en la posibilidad de elegir otro nombre que puedas usar en todas las redes.

Bio completa

• La peor impresión que puedes generar ante tu audiencia es un perfil incompleto o no ajustado al ámbito en el que deseas sobresalir. De tratarse de un profesional, apunta tus grados de estudios en la especialización más la experiencia y así ganar credibilidad con apenas la lectura de la descripción de quién eres.

• La bio sirve de tarjeta de contacto. Añade un número de teléfono o una dirección de correo para que te ubiquen aquellos interesados en comunicarse contigo.

• Incluye la URL de tu web o blog en la descripción del perfil. Esto mejorará el tráfico de tu web. Y si no tienes una web, ¿qué esperas para diseñarte una? Muchos no toman en consideración este aspecto, pero mantener tu propia web expande los detalles de tu perfil y es una herramienta para ampliar los contenidos que divulgas en las redes sociales.

• En internet abundan plataformas como Webnode y Wix con las que, con apenas cumplir unos pocos pasos, podrás montar tu página web sin tener conocimientos de diseño digital o programación. No obstante, si cuentas con las posibilidades económicas, piensa en la posibilidad de contratar a un profesional.

Foto profesional

• La foto de tu perfil debe reflejar cómo quieres ser percibido. ¿Eres un abogado que aspira a hacerse un lugar exponiendo consejos jurídicos? ¡Olvídate de publicar esa foto donde sales vestido con una franela de tu equipo de béisbol favorito, o aquella que te tomaste durante las pasadas navidades con el pino de fondo! Por el contrario, si eres comediante provocador, resultaría contradictorio aparecer de manera muy sobria.

• La foto debe verse lo más profesional posible desde el punto de vista técnico ¡Ni pienses en colgar una foto tipo carné y menos que se vea pixelada! De acuerdo a tus posibilidades, recomiendo hacerse una sesión foto-gráfica para el avatar, donde se te reconozca, que salgas de frente, sin objetos ni sombras que tapen tu cara, nítida y con buena luz.

- Al igual que con el nombre, repite la misma foto en todas tus redes sociales para que los usuarios te identifiquen rápidamente.

Línea gráfica acorde

- La coherencia también debe expandirse a las fo-tos de fondo y cabecera en las distintas redes que utilices. Los elementos gráficos tienen que guardar consistencia con tu personalidad.

- En caso de contar con un amigo diseñador gráfico, pídele consejos para establecer un manual gráfico que te sirva de identidad corporativa y se repita en cada una de tus redes y publicaciones.

- Adopta una tipografía uniforme y que refleje los rasgos de tu marca personal, ya sea sobria, desenfadada, discreta o atrevida. Si utilizas un logotipo, adáptalo a las medidas de cada red social. Haz lo mismo con las cabeceras y demás elementos gráficos.

- Elige una paleta de colores que se ajuste a la personalidad de tu marca personal, y repítela en los elementos gráficos de tu perfil en cada red social. Una manera de facilitar esta tarea es recurrir a aplicaciones en línea como canva.com, ideal para crear por ti mismo tus fondos y cabeceras en las redes sociales.

# CUIDA TU REPUTACIÓN

Alguien me comentó en cierta oportunidad que hay dos cosas en la vida que no vuelven: la virginidad y la buena reputación. Aunque este no es el espacio para tratar el asunto de la virginidad, sobre la buena reputación podemos afirmar que es uno de los principales valores a cuidar tanto dentro como fuera de las redes sociales:

Depura tu imagen en Internet

- Hoy tu reputación es lo que sale en la red, y toda persona que quiera contactar contigo lo primero que hará será buscarte en línea. Así que teclea tu nombre y apellido en Google y observa qué aparece. Si eres un sobrio aspirante a *influencer* de gerencia, por poner un caso, sería un terrible error que aparezca aquella vieja foto en Facebook donde sales en traje de baño tirado a la orilla de una playa y con una botella de licor en una mano.

- De estar a tu alcance, borra o modifica aquellos datos, imágenes, comentarios propios y demás elementos que no se ajusten a la imagen que deseas proyectar.

- El cuidado de tu imagen debe realizarse tanto dentro como fuera de la red. Nadie toma en serio a un *influencer* del *fitness* que dé consejos sobre ejercitación física y nutrición, pero que sea visto constantemente en establecimientos de hamburguesas que rebosan tocineta y queso amarillo. Más de uno expresará, con toda la razón: «Y este... icon qué moral!».

# ENFOCADO

Los llamados «sabelotodo» pasaron de moda. Que un día hables de moda, a la mañana siguiente publiques consejos de jardinería, y a la otra semana expongas tu parecer sobre el actual panorama de la geopolítica mundial, desorientará a tus seguidores, quienes se mostrarán recelosos ante las publicaciones de un *influencer* que pretende saberlo todo de todo.

Concéntrate en el tema de tu dominio

• El primer paso para cumplir con este propósito es tener conocimiento de lo que hablas para así proyectarte como un experto dentro de tu nicho. Estar enfocado en tu área es una de las estrategias para ganar credibilidad, ser útil a tus seguidores, fidelizarlos y ganar organicidad.

La capacitación nunca acaba

• Siempre hay algo nuevo que aprender para luego divulgar entre los seguidores. Si crees saberlo todo sobre tu campo, te arriesgas a ser conformista. Y tus seguidores lo notarán. Es necesaria la capacitación constante, leer, revisar noticias, consultar las opiniones de los expertos, realizar cursos y asistir a eventos para aumentar tus conocimientos.

Ofrece una versatilidad controlada

• Claro, no eres un individuo unidimensional, por lo que, entre los contenidos que ofrezcas, planifica cierta variedad. Propongo que el 80 % de tu material se base en el tema que dominas, y el restante 20 % lo puedes dedicar a otros ámbitos que te interesen. La gente agradecerá ver que no eres un individuo de una sola faceta. Si tu prioridad es que te conozcan como experto en moda, la mayoría de tus publicaciones deberían guardar relación con este sector. Sobre el resto de tus contenidos, toca asuntos que te interesen y que, a la vez, podrían también ser del interés de tu audiencia.

Combina a veces lo profesional y lo personal

• Un influenciador creíble es aquel que se muestra cercano y al que la audiencia reconoce como parte de su día a día, con sus mismas desdichas y alegrías. Este también es un gancho eficaz para seducir a las marcas. «Si le gustas a la gente, te escucharán; pero si confían en ti, harán negocios contigo», ha dicho acertadamente el escritor y orador motivacional estadounidense Zig Ziglar.

 ## ACCESIBLE Y CERCANO

Una de las habilidades de un influenciador es su capacidad comunicativa. Exprésate bien y utiliza un tono y un lenguaje que coincidan con el de tu comunidad. Una forma de demostrar ser un auténtico conocedor consiste en dominar un lenguaje al alcance de todos, ser claro, conciso y concreto.

Comunicación a tono con tu personalidad

• Si manejas un perfil sobrio, recomiendo un tono formal pero sin caer en la afectación. O si, por el contrario, te caracteriza una personalidad desenvuelta, dale rienda suelta a las peculiaridades que te hacen resaltar e identifican tu manera de ser.

• Habla el mismo lenguaje de tus seguidores. Exprésate de manera comprensible y fácil de asimilar. No trates de aprender palabras nuevas con el único fin de lucirte ante tu audiencia. Utiliza aquellas que empleas en tu cotidianidad. En caso contrario, te verás fingido y afectado. En una palabra, falso.

• Si crees necesario utilizar un término poco común porque expresa exactamente lo que quieres decir, como es el caso cuando se tratan temas técnicos, acompaña su mención con una explicación de lo que significa. Si se trata de cocina, olvídate de ingredientes que solo son posibles de encontrar en los confines del planeta o recurrir a términos tales como *acidular* o *besuguera*. Usar un lenguaje rebuscado obligará a que tus seguidores busquen el significado del término en algún glosario o, como pasará en la mayoría de los casos, abandonen por completo tu publicación por no entender de lo que hablas.

 # NO TEMAS PROVOCAR

Cruzar el llamado «umbral de la incomodidad» deja a los espectadores dos únicas posibilidades: te aman o te odian. Y una u otra opción será siempre mejor a que sean indiferentes. Si ser políticamente incorrecto es un rasgo resaltante de tu personalidad, aprovecha esa llama para encender los ánimos de tu audiencia:

Sin temor a la controversia

• Hay temas que desatan las pasiones en las redes, como aborto/provida, religioso/ateo, capitalismo/socialismo, y que generan reacciones candentes. Trata estos temas entre tus contenidos, siempre y cuando sean de interés para tus seguidores.

• Expresa sin temor tu posición sobre cuestiones en las que no haya una única postura. Además de cómodas, las opiniones tibias son muy aburridas. Por muy atrevida que sea tu opinión, fundaméntala con argumentos sólidos.

● La idea no es provocar por provocar. A la larga, este recurso resultará cansón y los seguidores se fastidiarán de quien pretende ser un transgresor las 24 horas del día. Por ello tu opinión, por muy candente que sea, debe estar basada sobre argumentos sólidos.

BUSCA LA ORIGINALIDAD

Entre los miles de viajeros que utilizan Instagram para publicar imágenes de los escenarios que visitan durante su travesía por el planeta, algunos se distinguen por la creatividad con la que presentan sus contenidos. De no ser así, sus fotografías solo serían meras estampas de paisajes. Tal es el caso de Murad Ossman (@muradosmann), quien nunca aparece en las fotos que publica en Instagram.

A cambio de un enfoque convencional, @muradosmann extiende su mano y toma la de su prometida, que en cada toma parece huir al encuentro del paisaje retratado de fondo. Esa fue su manera original y distintiva de diferenciarse de muchos otros *instagramers* que recurren al típico selfi con un paisaje alrededor.

Sé creativo y marca la diferencia

● Lo genérico no vende ni engancha. La originalidad te hará destacar en los entornos digitales, saturados cada vez más de nuevos contenidos.

● Como lo dijera el inventor estadounidense Alexander Graham Bell, «Nunca vayas por el camino trazado, porque conduce hacia donde otros han ido ya».

Encuentra lo que te hace único

• Es la clave del éxito para tu marca personal. Una vez que identifiques tu pasión y te enfoques en ella para ofrecer a tus seguidores un contenido útil, sigue tus instintos para envolverla dentro de un empaque excepcional y distinguirte del resto.

• Puedes permitirte ser criticado y hasta odiado. Si eres un *influencer* exitoso, serás ofendido por muchos. Ser insultado generosamente es la oscura joya que corona la fama de un *influencer*, pero ¡jamás seas aburrido!

 # ESTUDIA A TUS IGUALES

Quizás pienses que tus publicaciones son la flor de la originalidad, pero una revisión a las redes sociales podría revelarte que muchos *influencers* similares a ti ya han dado los mismos consejos, expuesto comentarios parecidos o hecho chistes casi exactos al que se te acaba de ocurrir. Así que no dejes todo el peso de la originalidad sobre las espaldas del instinto, e innova en tu área tras observar y analizar lo que otros han hecho previamente.

Sigue a los referentes de tu sector

• Ellos ya han conseguido hacerse ese espacio al que tú aspiras compartir u ocupar, así que mantente al tanto de qué hacen y cómo lo hacen. Ten fichados a los mejores de tu campo, consulta sus redes sociales y blogs, aprende de sus éxitos y toma nota de lo que menos te guste de ellos para no incurrir en sus mismos errores.

• El objetivo no es imitarlos, sino que sirvan de referencia de lo que ya se ha hecho para innovar. Aunque ya todo parece haberse inventado en las redes sociales, siempre hay espacio para contenido diferenciador. Tu audiencia te sigue porque eres distinto. De no ser así… ¿qué sentido tendría seguir a una copia cuando en otra cuenta está disponible la versión original?

⚙ MANTÉN LA CONSTANCIA

¡Maravilloso! Como aspirante a *influencer* estás enfocado en tu materia, ofreces a tus seguidores mensajes de calidad, eres creíble, cercano, pero… ¡publicas cada tres meses! La falta de constancia y periodicidad es uno de los principales errores que comete un potencial *influencer*, y por el que muchos, pese a un estupendo arranque, fracasan a medio camino.

No guardes silencio durante mucho tiempo

• De hacerlo, transmitirás dejadez e indiferencia. Seguro te ha ocurrido que eventualmente te encuentras en alguna red social con un usuario que ha publicado contenidos interesantes, y de inmediato revisas cuándo envió su última publicación… resulta que fue hace meses. De inmediato desistes del propósito de seguirlo. Igual ocurrirá con tus potenciales seguidores.

Realiza un plan de publicación

• Aunque se proyecte una imagen espontánea, detrás de su naturalidad hay una dura planificación. Define en un calendario tu estrategia de publicación para lograr que tus seguidores esperen tus *posts* en un momento específico de la semana. La frase «no he tenido tiempo para publicar» es mortal.

De nada sirven los impactos eventuales

• La disciplina es imprescindible para afianzar tu presencia en las redes. Aunque es difícil mantener presencia diaria con contenidos cuya producción demande mucho tiempo y esfuerzo, divulga breves comentarios sobre actualidad, tips, consejos o un video de 15 segundos. En el tema *Cronograma editorial* presentado en el capítulo siguiente profundizaremos en este punto.

★ **VERIFICA** que esté disponible, escribe el nombre con el que serás conocido en las redes:

_____

★ **ESCRIBE** tu bio a publicar en todas las redes en las que participes:

_____
_____
_____
_____
_____
_____

★ **SEÑALA** tres rasgos de tu personalidad que te hacen diferente y que aplicarás al tono de tu comunicación:

1) _____

2) _____

3) _____

★ **APUNTA** tu objetivo como *influencer* a largo plazo:

_____

_____

_____

_____

_____

_____

★ **ANOTA** cinco acciones específicas que puedas emprender esta semana para alcanzar tu objetivo como influencer:

1) _____

2) _____

3) _____

4) _____

5) _____

★ **DEFINE** tres aspectos de tu tono de comunicación:

1) _____

2) _____

3) _____

★ **UTILIZA** el *hashtag* #ConstruyendoUnInfluencer y publica en Instagram la foto con la que te darás a conocer en las redes sociales.

Tú eres tu
CONTENIDO

Maneja los pasos para definir, producir y elegir el mejor formato para hacer brillar tus publicaciones en las redes sociales.

Con mucho entusiasmo colgaste en Instagram un video con los trucos para hacer que dure más el esmalte de uñas. Al cabo de un par de días, esa publicación con la que creíste seducirías a tus seguidores, da como resultado apenas un par de corazoncitos enviados por amigos y compañeros del colegio. Mientras, ese otro video publicado sin muchas expectativas sobre cómo combinar los colores de maquillaje, obtiene en minutos docenas de comentarios.

Todo *influencer* tiene una anécdota parecida y de la que ha sacado una importante lección: solo la experiencia revela qué tipo de contenido cautivará a los seguidores. En el capítulo anterior determiné los aspectos que han de definir tu marca personal como *influencer:* pasión, ser tú mismo, coherencia, credibilidad, foco, originalidad, accesibilidad y constancia. Ahora es el momento de plasmar esas características en tus publicaciones para que sean irresistibles para tu audiencia.

El contenido es lo que definirá tu personalidad y tu éxito. Tú eres el contenido que publicas. Pero el descubrimiento del enfoque ideal no es tan evidente cuando se está comenzando. Y más en medio de la descomunal marea de información que se produce a cada segundo en las redes sociales: según un informe elaborado a mediados de 2017 por la empresa de radiodifusión estadounidense Cumulus Media, en solo un minuto se publican 452 000 tuits, se suben 46 200 imágenes a Instagram, se crean casi 2 millones de *snaps* en Snapchat, se envían más de 15 000 archivos GIF a través de Facebook Messenger, se reproducen 40 000 horas de audio en Spotify, y se reproducen 4 millones de horas de vídeo en YouTube. ¡Menuda competencia para tus contenidos!

Encontrar tu camino será el resultado de un largo proceso de ensayo y error. El propósito de este capítulo es reducir esos márgenes de equivocación en tu búsqueda por hallar un contenido que cautive a tus seguidores.

IDENTIFICA NECESIDADES Y DESEOS

¿Qué buscan tus seguidores? ¡Soluciones! Ellos deben sentir que tú eres la persona indicada para darles, mediante contenidos que respondan a sus necesidades y deseos, las soluciones que buscan. Ahora, ¿cómo identificar esas necesidades y deseos?

Pregunta a tu audiencia

• Mi primera recomendación es preguntar a tu audiencia qué necesita, qué tipo de contenido le gustaría que publicaras. Si, por ejemplo, haces en YouTube comentarios sobre cine, consulta a tus suscriptores sobre cuál estreno cinematográfico en cartelera quieren que hables en tu próximo video.

O si tu área es ofrecer consejos sobre diseño gráfico, pregunta sin rodeos si prefieren que en tu próxima publicación te concentres en las aplicaciones, las tendencias o los colores de temporada. Esta táctica garantizará que abordes los intereses de audiencia y te dará constantemente nuevos temas a tratar.

Mapas de contenido

También, los *content mapping* o mapas de contenidos son unas herramientas excelentes para cumplir este propósito y descubrir ideas que quizá no habrías contemplado. Se trata de un proceso para crear contenidos que satisfagan las necesidades de tus usuarios.

Para ello, te propongo rellenar la siguiente tabla. En la primera fila apunta las necesidades y los deseos de tus potenciales seguidores; y en segunda fila, cómo tus contenidos podrían ayudar a resolver tales necesidades y deseos:

Necesidades y deseos	Tus soluciones
1	
2	
3	
4	
5	

PONLE CARA A TU AUDIENCIA

Publicar contenidos no es solo escribir palabras sobre el teclado o pulsar un botón para enviar un video: frente a la pantalla que muestra tus mensajes hay personas de carne y hueso que desean ser tratadas como tales, que sienten y se emocionan, sufren y se alegran. Los datos que arrojan las redes sociales y aplicaciones para conocer el perfil de tu audiencia ofrecen fríos criterios de segmentación como edad, sexo, nivel socioeconómico y otras variables. Ve más allá y ponle nombre y apellido a tus seguidores. Cara. Personalidad. Emociones y sentimientos.

• No pienses que publicas para un «rango femenino de entre 20 y 40 años perteneciente al nivel socioeconómico B». ¡Nada de eso! Publica para María, quien es un poco tímida, le gusta ir a la playa y estar a la última moda.

O para Ernesto, un joven interesado en la tecnología pero que también disfruta pasar buenos momentos en compañía de sus amigos.

• Por supuesto, se trata de un juego hipotético pues las audiencias son diversas, pero esta práctica te ayudará a empatizar con quienes te siguen y hablarles como ellos esperan que les hables: de igual a igual, de tú a tú.

EL FORMATO IDEAL

Antes de profundizar en el fondo o esencia de tus contenidos, elige los formatos más convenientes para comunicarte de manera eficaz e impactante. Esta decisión dependerá de:

• Tu perfil como *influencer.*

• Las habilidades técnicas que manejes.

• La red en la que publiques.

• La complejidad que exija la elaboración de uno u otro material.

Cada formato, ya sea texto, imagen o video, tiene sus virtudes y limitaciones. En todo caso, no son alternativas excluyentes, al contrario, pueden interactuar y enriquecerse entre sí. Aunque en algunas publicaciones un tipo de formato tenga protagonismo sobre otro, siempre deben complementarse de manera que un texto refuerce el mensaje expresado en un video, o una infografía puede que se convierta luego en una encuesta o un video animado. Revisemos los más utilizados, de menor a mayor de acuerdo a su grado de complejidad de producción:

WEBINARS
TEXTO
VIDEOS
AUDIO
INFOGRAFÍAS
IMÁGENES
GIFS

TEXTO

En el universo digital toma mayor fuerza la frase según la cual «una imagen vale más que mil palabras». No obstante, un texto explicativo, por muy breve que sea, ayuda a aclarar el mensaje. Así se traten de redes donde la protagonista es la imagen, como en los casos de Instagram y Pinterest, siempre debe haber texto para evitar confusiones.

Parecerá una obviedad, pero a cada momento encontramos en las redes sociales imágenes y videos sin texto, lo que pone a adivinar al público de qué va aquello. Además, a través del texto los buscadores ubican tu contenido y los usuarios de Google acceden a él.

• Las primeras palabras son determinantes. Haz un uso adecuado e impactante de las frases de apertura para llamar la atención.

• Para ganar dinamismo y evitar la monotonía, varía entre texto, fotos o vídeos. Combinar texto e imágenes involucra múltiples sentidos y es útil para aumentar en el receptor la retención de la información.

• Sé concreto: la brevedad y la sencillez deben predominar en tu mensaje para que sea lo más comprensible posible para el lector. Nunca escribas de más y comunica tu idea sin rodeos.

• No olvides revisar lo que escribes mediante una segunda ojeada para comprobar que está escrito lo más claro posible, y presta atención a la ortografía y la gramática. Por muy completo que sea tu contenido, si presenta errores en su escritura perderá credibilidad, sin contar que las publicaciones mal escritas no aparecen en las búsquedas de quienes consultan términos o etiquetas correctamente escritas.

 AUDIO

Uno los de los formatos favoritos en las plataformas de mensajería como WhatsApp, lo que indica que los audios tienen un potencial aún no explotado en su totalidad en las redes sociales.

• Esmérate en cuidar la calidad del audio cuando realices producciones audiovisuales. Un audio mal grabado estropea por completo tu contenido: una voz que no se entienda o a muy bajo volumen, sonidos de fondo que estorben la emisión del contenido, o la utilización de música de fondo que no tenga relación con el contenido o a un volumen que arrope la voz, son errores a evitar.

 **IMÁGENES**

Según el estudio *The Power of Visual Communication Infographic*, nuestro cerebro procesa 60 000 veces más rápido una imagen que un texto. También según ese estudio, recordamos solo el 20 % de lo que leemos, mientras que retenemos el 80 % de lo que percibimos mediante imágenes.

De allí que el contenido visual sea más compartido en las redes sociales que otros formatos: las publicaciones con imágenes obtienen 2,3 veces más interacciones, añade el estudio citado. Publicar contenido visualmente atractivo es una táctica eficaz para mejorar tu difusión. La imagen es la estrella de Instagram y Pinterest, y su uso en otras redes incrementa excepcionalmente la interacción. Acá algunas sugerencias a tomar en cuenta:

● No abuses de los filtros. Cada vez se llevan menos, así que te aconsejo mejorar la fotografía de manera natural.

● En caso de utilizar material ajeno, conoce de dónde proviene, si es reproducible y, en caso de serlo, mencionar la fuente original para no infringir los derechos de autor. Párrafos más adelante hablaremos sobre ese punto para evitar problemas por violación a la propiedad intelectual.

● Procura que tus imágenes tengan las dimensiones adecuadas para cada red, con ello le darás un aspecto más profesional a tus publicaciones basadas en imágenes.

● Los memes merecen una mención especial por conectar con tu audiencia mediante el humor. Es integral y preciso. Con pocos elementos informa y a la vez desliza un afilado comentario sobre cualquier noticia o evento. Hay numerosas webs y aplicaciones para crear estos jocosos materiales que suelen *viralizarse* en minutos.

GIFS

Un formato de moda que incrementa el enganche de tus publicaciones.

• Hay herramientas para producirlos sin mayores complicaciones, desde los gifs animados que ofrecen algunas redes como Twitter, hasta muchas otras plataformas disponibles en la red que garantizan un toque más personalizado.

 INFOGRAFÍAS

Las infografías hacen que la información compleja parezca atractiva, fácil de comprender y, por lo tanto, de compartir.

• Si no manejas las nociones básicas del diseño gráfico, recurre a herramientas que facilitan la elaboración de infografías: Canvas, Google Developers, Visualize, Piktochart, son algunas de las opciones en línea.

 VÍDEOS

Es el formato favorito para compartir experiencias personales, dramatizaciones, procesos, parodias y tutoriales. No necesitas una gran inversión para producir tus propios videos.

• Si te estás iniciando en esto, te bastará una cámara o un teléfono celular con buena resolución. En un próximo apartado sobre YouTube ofrezco las claves para producir este tipo de material.

• Mención especial merecen los vídeos animados, una de las técnicas que mayor dinamismo y frescura da a los contenidos. Aunque parezcan difíciles de producir, existen herramientas como Wideo, Powtoon, Moovly, Go Animate, Cute Cut, We video y el más profesional Adobe After Effects, que, con un poco de paciencia, facilitan la creación de estos atractivos materiales.

 ## WEBINARS

Un *webinar* es una conferencia, taller o seminario que se transmite en línea. Como si se tratase de un evento presencial, el conferenciante habla en vivo a la audiencia que pregunta y comenta. Pese a que exige contar con una base de seguidores para que sean efectivos, los *webinars* son muy útiles para profesionales que quieran impresionar a sus seguidores con una clase magistral o conferencia.

• Existen plataformas especializadas —y, general-mente, de pago— con numerosas opciones, pero las po-sibilidades de transmisión en vivo que ofrecen YouTube, Facebook, Instagram y Periscope cumplen con los requi-sitos para la realización de excelentes *webinars*.

MANTENTE INFORMADO

El «reloj biológico» de las redes corre a una velocidad tan acelerada que los eventos de ayer poco llaman la atención el día de hoy: a nadie interesa lo que puedas decir sobre un acontecimiento ocurrido días —¡y hasta horas!— atrás. Los usuarios de las redes sociales ansían devorar datos, consejos y opiniones recién salidas del horno. Y tú debes estar preparado para satisfacerlos.

Mantente al tanto de las últimas noticias

- Estar actualizado ayudará a formarte tus propias ideas en lugar de repetir las opiniones y novedades que otros ofrezcan. Este es un aspecto muy importante en tu camino hacia el estado de influencia.

Sigue cuentas clave

- Que te mantengan al día y recurre a los *hashtags* relacionados con tu sector. Para ello, implementa un sistema de alertas que te mantenga al día de las últimas noticias y novedades con las que enriquecer tus publicaciones.

- ¿Cierto día te falla la inspiración y crees que ya no tienes nada nuevo que decir? Eso solo te pasará cuando no estés lo suficientemente informado sobre lo que sucede en tu sector. Dos herramientas gratuitas que facilitan esta tarea son Alertas de Google y Mención Social.

 **CUENTA HISTORIAS**

A estas alturas, ya identificaste las necesidades y los deseos de tus seguidores. Además, te mantienes al tanto de las informaciones relacionadas con tu nicho para informar, entretener, orientar o representar un estilo de vida y marcar tendencia entre tu audiencia. ¿Ya con esto es suficiente? ¡Por supuesto que no! Una vez que estés claro sobre la sustancia de tus contenidos, presta atención a la manera cómo lo contarás a tus espectadores.

Ser *influencer* no es solo comentar algún acontecimiento, subir fotos y videos del momento o dar consejos sobre el tema que domines. La audiencia quiere escuchar historias, identificarse con experiencias. «La gente olvidará lo que dijiste o lo que hiciste, pero la gente nunca olvidará cómo la hiciste sentir», llegó a escribir la destacada poetisa norteamericana Maya Angelou, palabras que resumen la efectividad de contar historias y experiencias.

Practica el *storytelling*

• El término *storytelling* ha ganado repercusión durante los últimos años en el mundo del *marketing*, pero también es un recurso narrativo que los *influencers* deben contemplar para contar historias que conecten emocionalmente con la audiencia. La idea es narrar anécdotas y situaciones auténticas, diferentes y que despierten el interés y la empatía de tus seguidores.

Emociónate primero

• Las historias son fáciles de recordar, brindan contexto a los datos, generan confianza y son irresistibles de compartir. Pero para que una historia divierta, oriente, haga reír, inspire, en fin, para que una historia emocione a tu audiencia, primero tiene que emocionarte a ti. No se vale inventar experiencias.

• Hablar desde tu verdad es el primer requisito para cumplir con el propósito de cautivar a tus seguidores con una historia.

Todo puede ser una historia

• La idea no es ser como la princesa Sherezade, que sobrevivió a la muerte gracias a sus fabulosas habilidades narrativas expuestas en las páginas de *Las mil y una noches*, sino algo ajustado a tu perfil como *influencer*, ya sea contar el llamativo suceso que te ocurrió en un restaurante donde te trataron bien o mal, la experiencia con un jefe o compañero de trabajo, o referirte a un producto, servicio o marca, no a partir de los ingredientes o cualidades que lo conforman, sino desde la narración de un relato vistoso.

● Juega con situaciones de suspenso, como la primera visita a un nuevo lugar, la cuenta regresiva de un evento o tu viaje a otro país. Infinitas son las posibilidades.

 # «APARENTAR», CLAVE VIRAL

La ciencia parece haber descubierto el secreto de la *viralidad* digital: la gente comparte los contenidos que mejoran su imagen ante sus propios seguidores. Es decir, la audiencia divulga con mayor frecuencia las publicaciones que los hace parecer listos, bondadosos, graciosos, informados y actuales.

La clave se encuentra en nuestro cerebro. Según una investigación realizada por la Escuela Annenberg de Comunicación de la Universidad de Pensilvania, EE. UU., la gente comparte contenidos que conectan con sus propias experiencias, con quiénes son y quieren llegar a ser. Para llegar a esta conclusión, los investigadores realizaron resonancias magnéticas para medir la actividad cerebral de 80 personas que leían en la red artículos de prensa.

Los voluntarios debían valorar su interés por los artículos y compartirlos a sus seguidores en las redes. Los científicos concluyeron que uno de los factores que impulsa a recomendar contenidos es cuando tal contenido nos hacer ver más agradables ante los otros.

● A ti seguro te ha pasado (como humano, también yo he caído en esta trampa de las apariencias) que compartes en la red un consejo de moda publicado por otro usuario, no tanto para que tus seguidores lo sigan, sino para que ellos sepan que estás al tanto de las últimas tendencias. O retuiteas una campaña destinada a proteger una especie animal, no porque te quite el sueño que ese animal se extinga, sino para proyectar ante tus seguidores la imagen de un individuo angustiado por la suerte del planeta.

- A partir del principio mencionado, publica contenidos que tus seguidores querrán reproducir porque los hará ver ante su propia audiencia como actualizados, caritativos, graciosos, perspicaces, agudos y originales.

LOS LÍMITES GEOGRÁFICOS

No existen fronteras físicas para los mensajes en línea. Lo que nos lleva a la siguiente pregunta: ¿está el *influencer* determinado por el espacio geográfico donde reside? La respuesta dependerá de tu perfil en combinación con los intereses de tu comunidad. El cruce de estas dos variables brinda una nueva clasificación a considerar: el *influencer* universal y el *influencer* local.

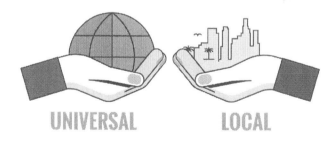

Influencer universal

Una comunidad de interés no siempre habita un mismo espacio geográfico, pudiendo estar esparcida a lo largo y ancho del planeta. Tal es el caso de los interesados en consejos sobre el cuidado físico y la estética personal, que resultan válidos tanto para un español como para un argentino. O las novedades de un videojuego nuevo interesarán tanto a un jugador radicado en México como a otro que viva en Holanda o Brasil.

• En este caso las únicas limitaciones serían, por supuesto, el uso del mismo idioma, más las jergas locales que puedan resultar difíciles de entender para los pobladores de países diferentes al tuyo.

• Recomiendo comunicarte en un tono neutro, y evitar mencionar personalidades, ciudades, refranes, ingredientes u otros elementos solo conocidos por los miembros de tu nación o localidad geográfica.

Influencer local

En otras ocasiones, los intereses de una comunidad están completamente definidos por el espacio geográfico que habiten sus miembros. Tal es el caso de las comunidades digitales que comentan las actuaciones del gobierno nacional o de un equipo deportivo local.

• Quienes te rodean físicamente —desde amigos, familiares, compañeros de estudio y de trabajo, hasta vecinos y los mismísimos habitantes de tu ciudad y país— sentirán un especial interés en tus mensajes gracias a la cercanía territorial. Estas personas apalancarán tu crecimiento orgánico y deberás enfocar sobre ellos tu poder de influencia.

• Ser un *influencer* local o *microinfluencer* definido por la geografía no es una limitación. En muchos casos es una gran ventaja: muchas marcas eligen para sus campañas a un *influencer* local porque impacta directamente al *target* de la inversión promocional.

# COOPERA

Para ilustrar este punto me vienen a la mente esos universos expandidos tan de moda entre los grandes estudios de Hollywood: en una misma película se dan cita Superman, La Mujer Maravilla y Batman, como es el caso de DC Comic. O Hulk, Thor, Iron Man y El Capitán América, como correspondería a los personajes de Marvel, se reúnen en una misma cinta para salvar el mundo. Si los superhéroes, archifamosos de por sí, unen sus fuerzas con el fin de aumentar su impacto, ¿por qué no hacerlo tú? ¡Gravísimo error si te crees mejor que Superman!

Para explicar este punto también me viene a la mente el mejor ejemplo de reinvención en el mundo del espectáculo, Madonna, reina en el arte de mantener la vigencia pese al paso de los años. Además de sus constantes cambios de estilo y no pocos escándalos, una de las fórmulas de la Reina del Pop para continuar presente es aliarse con estrellas más lozanas, desde la flamante Britney Spears, Christina Aguilera, Justin Timberlake, y muchos más.

La llamada Ambición Rubia ha encontrado en estos jóvenes intérpretes no competidores que amenazan con desbancarla de su pedestal, sino colaboradores para infiltrarse entre los nuevos públicos. Aprendamos de sus lecciones. Convenir apariciones con los jóvenes que suenan en el momento es una de las estrategias más eficaces para apalancarse, convocar públicos diferentes al propio, y brindar frescura a los contenidos.

Cooperar en vez de competir

• Establecer alianzas con otros *influencers* beneficia a ambos mediante el intercambio orgánico de seguidores:

si a cada uno de los *influencers* que colaboran en una misma publicación lo distingue una personalidad propia, el público notará sus diferencias y los seguirán individualmente.

• Pese a que se concentren en la misma área, cada uno manejará sus propias habilidades, tono y experiencias, lo que generará materiales únicos que serían imposibles de producir individualmente. Pese a compartir el mismo campo, cada uno aportará algo diferente, lo que ampliará tu visión y te hará crecer como profesional. Para lograr este objetivo debes dejar atrás los sentimientos competitivos y buscar conocer a otros influenciadores para proponerles contenidos y enfoques que beneficien a ambos.

• Las colaboraciones no tienen que darse siempre entre *influencers* del mismo campo. Es interesante ver en un mismo video a un comediante compartiendo espacio con un especialista jurídico, o a un estilista que complemente los consejos de un entrenador *fitness*. Se trata de un ganar/ganar mediante el hallazgo de intereses afines.

¿CUÁNDO PUBLICAR?

Los datos revelados por Shareaholic, plugin de WordPress, ofrece una primera aproximación sobre la hora y el día ideales para publicar:

Hora: 9 a. m. y 5 p. m.

• De acuerdo a Shareaholic, la mejor hora para publicar se da entre las 8 de la mañana y las 12 del mediodía. La mayor interacción ocurre a las 9 de la mañana, luego de que los usuarios han llegado a sus puestos de trabajo (sí, ese empleado que, a espaldas del jefe, se toma unos minutos de su jornada laboral para revisar su muro en Facebook o el video de moda en YouTube, es uno de los principales responsables de la *viralización* de contenidos).

• Luego del mediodía el tráfico baja hasta alcanzar otro pico a alrededor de las 6 de la tarde. Luego decrece a medida que cae la noche. Según esto, otra excelente hora es alrededor de las 5 de la tarde.

Día: martes

- El martes es el día cuando más contenido se comparte, según un estudio realizado por la firma de análisis digitales Kissmetrics. Este resultado se basa en dos datos a tomar en cuenta: los martes se logra el 10 % más de *viralización* en comparación con los otros días de la semana, y el 31 % de los 100 contenidos más compartidos se da ese día.

- Pero no tomes esas cifras como una regla infalible, y acostúmbrate a cruzar las métricas que cada red social ofrece sobre el comportamiento de tus seguidores para elegir tu mejor hora para publicar. En el caso de Facebook, válete de Facebook Insight para manejar las estadísticas. Por su parte, Google Plus indica en su plataforma cómo interactúa tu audiencia.

- Además de las herramientas que ofrece cada plataforma, explora las utilidades de escucha o *social listening* complementarias para conocer a tus usuarios. Entenderles te dará las claves para ofrecerles lo que necesitan. Si tras analizar estas métricas ves que tu actual estrategia funciona, repite. Algunas posibilidades son:

- Social Mention: es un buscador de menciones en *posts*, comentarios, vídeos, tuits y blogs.

- Mention: esta aplicación permite monitorizar en tiempo real palabras clave, vídeos, imágenes, noticias y fotos del momento.

- Addictomatic: con esta utilidad *online* ubicarás una palabra o frase en los buscadores, así como también en YouTube, Twitter, WordPress, Ask.com, delicious, Wikio, Blinkx y Twingly.

- Like Alyzer: ofrece variables como fans activos, promedio de *engagement*, y comentarios sobre la efectividad de tus publicaciones.

- Pirendo: un amplio inventario de métricas para analizar el desempeño de tu marca en Facebook y Twitter.

Las herramientas mencionadas son de gran beneficio, pero la monitorización de las redes no deben concentrarse solo en medir las métricas o ver cuantos *followers* nuevos sumamos: interpreta estos datos de manera personal.

Cuánto ha crecido nuestra audiencia, cuántos comentarios recibimos al día, en qué momentos del día tenemos más interacción o qué publicaciones han tenido más éxito, son indicadores que debes analizar desde una perspectiva humana, con la mano puesta en el corazón. Que las herramientas de medición no te hagan olvidar que tratamos con personas y no meras cifras expuestas sobre un gráfico.

TEMPERATURA DEL CONTENIDO

Una manera de gestionar tus contenidos es si los divides en fríos y calientes:

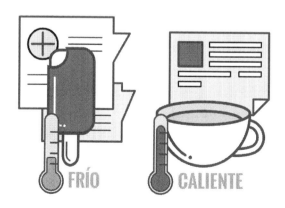

FRÍO   CALIENTE

Contenido frío

Es el contenido cuya producción puedes planificar con antelación porque no depende de las noticias del momento. Ejemplos de contenidos en frío son una investigación en profundidad, un audiovisual tipo parodia, o reseñas sobre temas ya anunciados, como el lanzamiento de un nuevo modelo de *smartphone* o tableta.

● Este tipo de contenido permite esmerarse en su producción, y programarlos para asegurar tu presencia constante en las redes. Herramientas como Hootsuite, en el caso de Twitter y Facebook, son ideales para automatizar las publicaciones, permitiendo publicar en cualquier momento sin necesidad de estar frente al teclado.

● Pero no abuses de la automatización. Exagerar con los contenidos programados dará la sensación de que tu canal está siendo gestionado por un robot, o fastidiará a tu audiencia con mensajes fuera de contexto y no alineados con lo que sucede en el momento. Finalmente, recuerda interactuar con tus seguidores sobre el material programado.

Contenido caliente

Es el contenido que se produce a partir de la súbita noticia que está en boca de todos (*hot topic*). Tu público quiere conocer tu opinión sobre ese evento trascendente relacionado con tu área y que acaba de pasar. Así que no te quedes al margen de la discusión. Reaccionar rápido y publicar sobre ese tema del que todos hablan incrementará extraordinariamente la interacción.

● Como las noticias en caliente son imposibles de planificar, participa mediante una publicación que no exija mucha producción pero que te garantice interacción. Siempre y cuando la información siga vigente, produce en las horas o días siguientes un material más elaborado.

• Pero tampoco te precipites en publicar contenido caliente, recuerda que tu credibilidad está en juego con cada mensaje que envías. Verifica la información mediante fuentes confiables, así evitarás andarte disculpando por emitir una opinión sobre un hecho falso, como casi a diario vemos entre *influencers* de resonancia.

CRONOGRAMA DE PUBLICACIÓN

Fijar un cronograma de publicación es importante para ganar disciplina y que no pasen días, semanas —en algunos casos, ¡hasta meses!— sin que tus seguidores sepan de ti. Con esta práctica los acostumbrarás a que esperen tu nuevo contenido en una fecha regular.

• Determina los días y las horas de tus publicaciones. Esto variará según la red, el tipo de contenido, los hábitos que demuestren los miembros de tu comunidad y si esta es local o universal.

• En cualquier caso, lo peor que podrías hacer es publicar seis posts en un día, y luego pasar una semana o más sin compartir absolutamente nada.

• Así como nunca debes publicar de golpe todo tu contenido, tampoco te atribules para estar presente a toda hora del día: lo importante de las redes sociales no es el número de publicaciones, sino el impacto causado por ellas. Recuerda el dicho según el cual «Mejor poco bueno, que mucho malo».

• Tus contenidos deben ser de provecho para tus seguidores, que comenzarán a cansarse y finalmente te abandonarán si publicas todo lo que se te cruce por la cabeza. Elige contenidos de valor. Lo demás, sobra.

En vista de lo planteado hasta ahora, te sugiero ajustar la siguiente propuesta de cronograma a los hábitos de tus seguidores, la información en frío, y tus posibilidades de producción:

	LUNES	MARTES	MIÉRCOLES	JUEVES	VIERNES	SÁBADO	DOMINGO
Necesidades y deseos de tus seguidores							
Material en frío							
Complejidad de producción							
Colaborar con otros							

USA *HASHTAGS*

Aunque recientemente hay una polémica sobre si los *hashtags* ya son cosa del pasado, estoy convencido de que no han perdido su vigencia como fuente de tráfico orgánico. Los *hashtags* son salvavidas para que tus publicaciones no naufraguen entre el océano de contenidos de las redes sociales. ¡Sin contar que el sueño de todo influenciador es crear un *hashtag* que llegue a convertirse en *trending topic*!

Además de centralizar y organizar las conversaciones alrededor de un tema, estas palabras o frases antecedidas por el símbolo numeral (#) miden el impacto de un tema y facilitan la interacción entre los usuarios.

Evita los usados con demasiada frecuencia

• Por ejemplo, si aspiras a destacar como artista, el *hashtag* #arte es muy genérico al englobar millones de publicaciones, con lo que tu mensaje quedará sepultado al instante. Elije, de ser el caso, #arteabstractomoderno y así enfocarás tu publicación a los interesados en esa materia en particular. Participar con *hashtags* en eventos de tu sector te dará a conocer entre los miembros de un sector que participen en una misma conversación digital.

Tampoco utilices un centenar

• Cuando veo publicaciones con largos párrafos con este recurso, solo se me viene a la mente lo desesperado que está ese usuario en darse a conocer. Aplica un número reducido, quizá no más de seis, pero escogidos con inteligencia y pertinencia.

 **CITA LAS FUENTES**

Si publicas contenidos que no hayas creado tú, ya sean textos, fotografías, audios, infografías o videos, da los créditos del autor para evitar infringir los derechos intelectuales de otra persona.

• Respetar las normas de propiedad intelectual y licencias de la información es un requisito a cumplir para mantener tu reputación: pocos influenciadores recuperan su credibilidad luego de haber sido acusados de plagiarios. ¡Muy feo te quedaría que copiaras, con todas sus letras, un tuit ajeno o reprodujeras como si fuese tu creación un video o foto producidos por otra persona!

• Si vas a reproducir en tus redes contenidos que no sean de tu autoría, menciona con su nombre de usuario la fuente de la información. Esto hará que el autor sepa que compartes su trabajo y, en el caso de Facebook, llevará a que tu publicación aparezca en el muro del autor original.

• Las plataformas sociales autorizan el uso de los contenidos que los usuarios cuelgan en la red social para que tanto la propia red social como el resto de usuarios puedan utilizarlos, pero dentro de la propia red social. Por tanto, no se autoriza su uso para otra finalidad.

CONOCE TU RED

Las plataformas sociales evolucionan constantemente para no perder el paso ante sus competidores, pero muchos aspirantes a *influencers* fracasan por ignorar las nociones técnicas básicas de las redes en las que actúan.

El aprendizaje permanente también involucra manejar ciertos detalles técnicos de tus redes con el fin de sacarle el mayor beneficio a lo que te ofrecen. La idea no es que te conviertas en un especialista en el manejo de código o programación, pero sí conocer y aprovechar las características de tu red que influyen en la manera de interactuar en ellas y la publicación de contenidos.

Revisa las políticas de las redes

• Mantente al tanto de las últimas novedades de las plataformas, como cambios de algoritmos, nuevos análisis, funciones adicionales y demás aspectos que afectan la forma en que se navega.

•Lee el largo texto que aparece al momento de abrir la cuenta en una red. Allí encontrarás los usos y responsabilidades de los usuarios sobre los contenidos. Sí, sé que es aburrido, pero te sorprenderán todos los detalles que puedes aprovechar para maximizar tu presencia en esa red social en específico.

★ **ANOTA** 3 herramientas o alertas a aplicar para mantenerte informado sobre lo que pasa en tu sector.

1) _____

2) _____

3) _____

★ **CONVIERTE** en una historia, relato o anécdota el tema de tu próximo contenido.

★ **IDENTIFICA** a tres *influencers*, de tu área o no, con los que querrías participar en una misma publicación. Agrega cómo contactarlos.

1) _____

2) _____

3) _____

★ **UTILIZA** el *hashtag* #ConstruyendoUnInfluencer para compartir con tu audiencia el día en que podrán esperar un contenido especial en tu red social primaria.

Un estilo para
CADA RED

Cada red social tiene sus propias características, por lo que debes ajustar tus contenidos para que destaquen en cada plataforma.

Mucha agua ha corrido debajo del puente desde cuando, a inicios de la década del año 2000, aparecieron los primeros sitios web dedicados a brindar nuevas maneras de comunicarnos. Era el umbral de las redes sociales, conocidas en esa época con el simpático nombre de Círculos de Amigos.

Con la aparición de Twitter, en julio de 2006, y, al año siguiente, de Facebook, las bases estaban echadas para la escalada que revolucionaría nuestra manera de socializar, entretenernos, comunicarnos, informarnos, intimar y —porque los *influencers* de estilo se han encargado de ello— ¡hasta nuestra forma de caminar!

Hoy, cada red social posee características que la diferencian de otras por el cómo los usuarios acceden a los mensajes, los formatos utilizados, el tipo de público que agrupa, y el tipo de interacción que se genera entre la mayoría de sus miembros.

De ahí la importancia de entender la naturaleza de cada una de ellas para elegir con tino dónde enfocar tus esfuerzos como *influencer*. La premisa inicial para esta elección parte de conocer los tipos de redes a partir del grado de especialización de sus miembros y los contenidos que estos intercambian entre sí:

HORIZONTAL   **VERTICAL**

Horizontales o generalistas

Son redes no concentradas en un nicho en particular y que permiten la participación de quien lo desee. Ejemplos de estas son Facebook, Twitter, Instagram, Musical.ly, Google+ y Snapchat.

Verticales o profesionales

Congregan a un colectivo alrededor de una temática definida e intereses comunes muy específicos. Su finalidad es establecer nexos entre profesionales y aficionados del mismo ramo y compartir información sobre una disciplina determinada, como podrían ser los deportes, la música, los videojuegos y la especialización profesional. Dentro de este rango despuntan LinkedIn, Dogster, Behance y Dribbble.

¿CUÁL ELEGIR?

Una pregunta que me repiten con insistencia es la conveniencia o no de estar presente en todas las redes sociales. Es imposible hacer vida en todas debido a que son muchas y mantenerlas adecuadamente consumiría cada minuto de tu día ¡Se te iría la vida en ello!

Abrir cuentas en varias redes para luego abandonarlas a la buena de Dios es uno de los principales errores. En cambio, recomiendo la elección de una o dos redes primarias, y participar en otras para apuntalar la influencia ejercida en esas redes primarias. Para facilitar esta elección, te invito a responder las siguientes preguntas:

¿Qué tipo de *influencer* quiero ser?

• Recuerda las clasificaciones presentadas en nuestro primer capítulo sobre los diferentes tipos de influenciadores según la naturaleza de su influencia: especialista en sector de referencia, de nichos y otros. Las redes generalistas son ideales para los influenciadores masivos, aquellos que logran una gran interacción entre sus seguidores y, a la vez, procuran un número importante de fans.

• Desde el otro extremo, hacer presencia en una red vertical o profesional te nutre de contenido especializado y te brinda la opción de sobresalir como un *microinfluencer* o *influencer* de nicho. En ellas encontrarás a un público deseoso de manejar áreas muy específicas de la información y el entretenimiento.

¿Contenido textual, gráfico o audiovisual?

• El formato que mejor haga brillar tu contenido es un criterio esencial para decidirse por una u otra red. Si eres un *gamer*, YouTube es la plataforma ideal para mostrar en producciones audiovisuales tus avances en los videojuegos. Esta red también es magnífica para detallar el paso a paso de un proceso, como es el caso de los tutoriales.

• Instagram, a su vez, es la favorita de los amantes de los trapos y los viajes que deseen exponer su material gráfico y gozar de una inmediata interacción entre sus seguidores.

• No se trata de una elección drástica entre una y otra. Las diferentes redes sociales no son excluyentes entre sí. Son complementarias, pudiendo interactuar entre ellas para enriquecerse mutuamente. Por ejemplo, si sumas 10 000 seguidores en Facebook, es conveniente anunciar a estos fans que manejas un perfil en Instagram. O conectar a ambos públicos mediante concursos para así involucrar dos de tus distintas comunidades con intereses afines.

• En cualquier caso, apunta la siguiente regla: nunca publiques exactamente el mismo contenido en todas las redes sociales que manejes. Cada red tiene una personalidad propia y el contenido debe ajustarse en cada caso para explotar las potencialidades de esa personalidad.

• Una imagen estática es muy válida en Instagram pero no tiene mayor sentido en YouTube, y Facebook se presta para publicar un texto largo pero no así Twitter, pese a que las limitaciones de esta en cuanto a extensión de caracteres pueden ser superadas mediante la captura gráfica de ese texto largo, por solo citar un par de ejemplos.

• Ampliaré este punto líneas más adelante, pero sí es preciso recomendar desde ya que olvides utilizar la herramienta «Compartir en otras redes» presente en algunas plataformas sociales. Esta utilidad hace que el mensaje se reproduzca igual aquí y allá, dejando de lado las riquezas que ofrece cada red en particular y haciendo que tus fans desistan de seguirte en tus diferentes redes porque, ¿qué sentido tendría si en todas ellas encuentran exactamente el mismo contenido?

Aunque te tome algo de tiempo, valdrá la pena enfocar un mismo mensaje de maneras distintas según la red, y hasta, de acuerdo a tus posibilidades de producción, publicar contenidos exclusivos para cada una.

Tus seguidores apreciarán esta «molestia», y se sentirán tentados a seguirte en las diferentes redes en donde estés presente pues sabrán que en cada una brindas contenidos distintos u orientaciones diversas de un mismo material.

LAS POSIBILIDADES

Revisemos ahora las principales redes y aquellas características que debes tomar en cuenta si deseas publicar en una u otra:

La plataforma de reproducción de vídeo por excelencia. Visitada por millones de usuarios que buscan visualizar los contenidos de sus creadores favoritos, rarezas, música de sus cantantes predilectos y tutoriales.

Dura es la batalla por hacerse un espacio en una plataforma que cada semana incorpora un contenido audiovisual equivalente a 240 000 películas, y desde donde se reproducen más de tres mil millones de vídeos al día, entre los que despuntan tres categorías videojuegos, humor y videotutoriales.

Los contenidos audiovisuales de esta plataforma seducen tanto a la vista como al oído. Para decidirte por YouTube como red primaria, tus contenidos deben explotar estos dos sentidos. Llevaría varios libros detallar los elementos necesarios para triunfar acá; no obstante, resaltaré los aspectos relacionados con el *youtuber influencer:*

Planifica tus contenidos

• Antes de aventurarte a grabar y publicar tus videos, define los objetivos y la personalidad de tu canal para darle un toque original que lo haga sobresalir del inmenso universo de canales en YouTube, sobre todo entre aquellos que manejan tu misma temática.

• Aunque en un primer vistazo no lo parezca, muchas de las producciones «espontáneas» tienen detrás un arduo proceso de preparación para finalmente ofrecer en un producto fluido, que aprovecha para sí las imperfecciones que puedan surgir en el camino.

• No confundas espontaneidad con desorganización: cuando en páginas anteriores hablaba de que en las redes debes mostrarte natural, no me refería a que en un buen día enciendas la videocámara para empezar a hablar sobre lo primero que se te cruce por la cabeza. Un video que ofrezca valor a tus suscriptores reclama mucha preparación tanto de lo que vas a exponer como de los recursos necesarios para hacerlo.

• De entre todas las redes, la producción de contenido para YouTube es la que más demanda tiempo, esfuerzos y recursos. La frecuencia de tus participaciones está ligada a lo laborioso que es producir para esta plataforma. En todo caso, la calidad debe imponerse sobre la cantidad en el número de videos que subas, pero recomiendo que los lapsos no sean muy amplios: una semana o, cuando mucho, quince días entre un video y otro.

• El proceso variará significativamente según la complejidad de la producción. Aunque ya seas tú hablando solo ante la cámara o si se trata de una parodia con la participación de actores, cada entrega deberá cumplir con las etapas siguientes:

- Preproducción / guion.
- Grabación.
- Edición.
- Publicación.
- Promoción (de lo que hablaré en el próximo capítulo).

PREPRODUCCIÓN / GUION

La creación de un guion de contenido y un guion técnico antes de encender la cámara hará que tus vídeos se vean más profesionales y te ahorrarán mucho tiempo en las fases posteriores:

Guion de contenido

- En el guion de contenido elige y jerarquiza lo que dirás. Apuntar las ideas a desarrollar es primordial para que un vídeo tenga ritmo y estructura, ayudará a expresarte mejor, y a evitar caer en olvidos o silencios incó-modos. La estructura es la base de un buen guion. Tres elementos forman este esquema:

- **Introducción o exposición del tema:** presentación de lo que vas a hablar. Los usuarios de YouTube, por ejemplo, son muy impacientes, así que sé directo y ándate sin rodeos o tus espectadores abandonarán de inmediato la reproducción. De aquí debe salir el título del video.

- **Desarrollo:** recuerda siempre cumplir la oferta que prometiste ofrecer en la exposición del tema.

- **Desenlace:** conclusión, opiniones o aquellas recomendaciones finales sobre el tema tratado.

- El guion de contenido tiene que centrarse en los intereses de tu público, por lo que sugiero una investigación previa de palabras clave relacionadas con sus necesidades y deseos.

- Bastará con apuntar el orden en que desarrollarás tus ideas. Pero sí eres muy esmerado, escríbelo en el mismo estilo con que habla tu audiencia, ya sean jóvenes o adultos mayores, ejecutivos o amas de casa.

- Si lo has escrito idea por idea, nunca leas de corrido el guion de contenido. No es un libreto redactado frase por frase y a recitar como quien lee las líneas de un *teleprompter*, sino una guía para ordenar las ideas y que no te pierdas —y evitar que se pierda tu público— durante la exposición.

Guion técnico

- El guion de contenido debe ir tomado de la mano del guion técnico. Este último toma en cuenta las loca-ciones (en caso de que uses varias), ángulos de cámara y tipos de tomas, cómo se usará la música, los efectos sonoros y gráficos, imágenes complementarias y otros contenidos animados o multimedia que incluirás en el proceso de edición o posproducción. Todo con el fin de mostrar tus ideas de manera clara, rápida y contundente.

GRABACIÓN

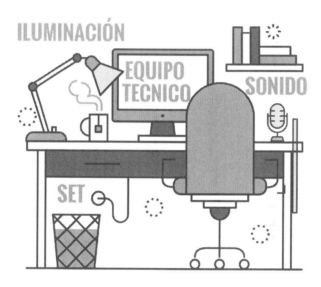

Cuida los detalles

• Se trata de YouTube y nadie espera que tus videos proyecten la misma calidad técnica y efectos especiales mostrados en la última entrega de *La guerra de las galaxias. Se* entiende que si te inicias en esto no cuentes con las herramientas de última generación. Pero la limitación de recursos no es excusa para descuidar los aspectos técnicos y estéticos básicos, negligencia que jugaría en contra de tu imagen y del contenido a difundir.

- Los *smartphones* de reciente generación cuentan con cámaras y micrófonos de excelente calidad. No será difícil encontrar uno ajustado a tus requerimientos. Ya luego podrás adquirir una videocámara que le dé un aspecto más profesional a tus producciones.

- Sobre la iluminación, la luz natural es una gran aliada, cerciórate de que tu cara se vea nítida, incluso si el fondo no se aprecia muy bien. Ya más adelante podrás comprar equipos de luz artificial y experimentar jugando con varias luces en diferentes puntos de la habitación.

- El set elegido como escenario debe verse limpio y de acuerdo con la temática tratada.

- Cuida el sonido de fondo, evita ruidos como el de aparatos electrodomésticos, y trata de que tu perro no ladre... aunque si ladra, ¡no dudes en aprovechar esa intromisión y bromea al respecto!

Habla con naturalidad

- Recuerda que la naturalidad es imprescindible en este tipo de producciones. Nadie espera que lo hagas perfecto. Y precisamente esas imperfecciones —controladas, por supuesto— le darán humanidad a tus contenidos.

- Cuando te dirijas a la cámara, piensa que estás ante un amigo y manéjate con la misma soltura de cuando conversas con alguien de confianza. Muéstrate cercano ante quienes te ven y escuchan.

- Habla rápido, pero que se te entienda cada palabra. De no mostrarte fluido, no entregues un producto difícil de entender y vuelve a grabar. Ni los espectadores ni las marcas te tomarán en serio si no te expresas con claridad.

EDICIÓN

Pule los detalles

Ya tienes tu contenido plasmado en un video bien iluminado, desarrollas las ideas con claridad, tu voz se escucha perfecta, no hay ruidos de fondo… pero tan impecable grabación podría hundirse en el desastre si no editas el material adecuadamente.

● Los cineastas saben que el material filmado deslumbrará o se estropeará por completo en la sala de edición. Claro, cuando te inicias es lógico que no manejes un presupuesto para contratar a un editor profesional, pero con un poco de dedicación conocerás los aspectos esenciales para hacer brillar tus videos. Y, ¿sabes cuál es el mejor aliado para ello? ¡El propio YouTube! En esta red lo que abundan son tutoriales con los que aprender las claves básicas para editar un video. Herramientas hay muchas, desde Movie Maker, Adobe Premiere, Sony Vegas, After Effects o algún otro tipo de *software* de edición.

● Tu estilo de edición de videos es otro elemento de tu marca personal como *youtuber*. Nadie como tú conoce la manera en que deseas transmitir tu mensaje, por lo que sugiero que edites tu propio video y juega con los efectos de música y sonido, elimina las pausas que resten dinamismo, o agrega más brillo en caso de que se vea oscuro (tu público huirá espantado de toparse con un video opaco y en el que tenga que adivinar qué ocurre).

● Experimenta con la edición teniendo en mente dos principios: toda decisión que tomes debe ir en función de presentar con contundencia y claridad tu contenido.

El tiempo preciso

• Aunque el contenido dictará el tiempo que dure tu video, como apenas comienzas procura que la duración se ubique entre los dos y los cuatro minutos. Una extensión mayor podría aburrir a tu audiencia y muestra poca capacidad de síntesis.

Los primeros segundos son decisivos

• Si no enganchas a tu audiencia entre los 5 y los 10 segundos iniciales, tu espectador abandonará la reproducción. Y mantener su interés es esencial porque si los usuarios solamente ven los primeros segundos, YouTube lo interpretará como un vídeo con contenido de dudosa calidad, y pasará a ubicarlo entre las últimas posiciones dentro del ranquin de búsqueda.

Crea una apertura y un cierre

• La apertura y el cierre de tus videos deben reflejar tu personalidad como *youtuber,* ya sea sobria, moderna, divertida o informal. Recomiendo que duren entre tres y cinco segundos.

• Es conveniente la contratación de alguien que maneje recursos de animación: este es un segmento que utilizarás en cada entrega y que debe transmitir el mayor profesionalismo en tus producciones.

PUBLICACIÓN

Utiliza un título atractivo

• Muchos novatos titulan sus videos con nombres rimbombantes para ganar visualizaciones, pero si el título no se corresponde con el contenido, los espectadores se sentirán embaucados y muchos de ellos calificarán negativamente la producción. Si es mucha su decepción, hasta dejarán reseñas negativas en el área de comentarios. ¡Y ni de lejos pensarán en suscribirse al canal! Así que elige un título que le haga justicia al contenido.

- Acá vale un truco que no todos toman en cuenta: el uso de las llamadas *vídeo keywords*, denominación usada para las palabras que al ser buscadas en Google arrojan como resultados vídeos en los primeros resultados. Titular tus videos con frases del tipo «Cómo cambiar un…», «Por qué debemos…», «Cuáles son…», es decir, con una interrogante que será resuelta durante el desarrollo, hará que tu video se posicione en Google pues así es como las personas realizan sus búsquedas en esta plataforma.

- Esta fórmula no es solo útil para los tutoriales. A la vez, puede ser aplicada a contenidos de humor o de cualquiera otra naturaleza (o acaso muchos no querrían saber «Cómo reconocer a una vecina chismosa», por ejemplo).

Miniaturas que enganchen

- Asegúrate de que la imagen miniatura o *thumbnails* resalte por su vistosidad. Con esto en mente, utiliza colores que formen parte de tu imagen personal, agrega tu logo, y si le incorporas palabras o frases cerciórate de que tengan un tamaño que pueda leerse en el pequeño formato de los *thumbnails*.

- Si vas a publicar una serie de videos sobre un mismo tema, dale coherencia al conjunto manteniendo el estilo gráfico de la miniatura en cada producción.

Describe y etiqueta

• Complementa un título apropiado con una descripción que refleje el tema tratado. Los motores de búsqueda no leen el contenido de los vídeos pero sí las descripciones, así que utiliza las palabras clave que mejor expliquen tu contenido. Aprovecha también este espacio para reforzar tus *keywords*.

• En el caso de las etiquetas, juega utilizando etiquetas genéricas y aquellas empleadas por los *youtubers* de tu misma categoría, en combinación con otras más concretas que se refieran puntualmente al aspecto diferenciador que ofreces en tus videos. Recuerda repetir la palabra clave en el titular y en la descripción.

Sigue siendo la «red de redes» al agrupar a un público heterogéneo y con una de las mayores tasas de interacción. Además de ofrecer diversas posibilidades para comunicarte de manera creativa, tales como infografías, vídeos, imágenes y actualización de estados, un rasgo distingue a Facebook del resto de las redes sociales: la cercanía entre sus miembros.

A diferencia de Twitter o LinkedIn, donde solemos seguir a usuarios por sus opiniones o perfiles profesionales, o de YouTube, en la que se impone la búsqueda de información y entretenimiento independientemente de quién sea el autor, en Facebook seguimos a seres próximos, familiares y amigos. Y ellos son el primer círculo para potenciar tus aspiraciones. Al margen de la red que elegiste como primaria, siempre debes estar en Facebook.

Crea tu página de fans

- ¿Obvio? No tanto: he perdido la cuenta de aspirantes a *influencers* que continúan publicando en esta red desde su perfil personal, cuando crear una página de fans es muy sencillo y con numerosas ventajas.

- Aunque las páginas de fans se parecen a los perfiles personales, contienen herramientas exclusivas que son de gran provecho para un *influencer:* tus seguidores podrán darle «Me gusta» a la página para ver actualizaciones en su sección de noticias, algo imposible de hacer con los perfiles personales.

- También permiten que tus contactos agreguen fotos a tus álbumes, anunciar eventos y crear debates. Especial interés tiene la característica *Hitos*, ubicada dentro de la pestaña *Información*. Allí podrás destacar tus principales logros, desde premios hasta eventos en lo que participaste dentro de tu especialidad.

- Para crear tu página de fans basta visitar el enlace www.new.facebook.com/pages/create.php y completar los datos solicitados, asegurándote de seleccionar si eres un local, una marca comercial o producto, un artista, banda o figura pública. Luego, optimiza tu perfil para captar la atención de tus visitantes y alentarlos a explorar tu página.

- Como Facebook suele crear un número y una URL al azar, recuerda solicitar una URL personalizada, con lo que te será más fácil promocionarte y ser reconocible. Aunque cada red es diferente y debe ser manejada con estrategias distintas, recuerda usar el mismo nombre de perfil en cada una de ellas.

¿Cuánto publicar?

• Se cree que publicar frecuentemente ayuda a llegar a más personas; no obstante, los algoritmos de Facebook están diseñados para filtrar las publicaciones irrelevantes y permitir que solo se muestren contenidos de gran calidad para los usuarios. Por eso no recomiendo publicar desaforadamente. Sé selectivo y concéntrate en la calidad por sobre la cantidad de publicaciones.

• En todo caso, sugiero publicar no menos de una actualización diaria, y hacerle seguimiento con la herramienta Facebook Insights para conocer con detalle cuánto y cuándo publicar en este medio social.

¿Cuándo publicar?

• La experiencia me ha enseñado que las 9 a. m. y a las 6 p. m. son buenas horas. Como esta plataforma muestra el horario en que tu contenido ha sido más comentado o visto, estudia estos datos para tomar tu decisión sobre el mejor momento del día para publicar.

• Con acceder a las estadísticas de tu página en http://www.facebook.com/insights o visitando el panel de administración de tu página de fans, tendrás acceso a tan útiles estadísticas.

• Si notas que lo que publicas a determinadas horas no produce mayor interacción, básate en los resultados para definir a cuáles horas interactúa más tu comunidad.

Responde y sé recompensado

A lo largo de estas páginas he insistido en la necesidad de interactuar y responder a tus seguidores, ¡pero Facebook te reconoce públicamente esta buena disposición entregándote una insignia!

- Si respondes rápidamente a la mayoría de los usuarios que te envían mensajes, puedes obtener la acreditación «Nivel de respuesta alto a los mensajes», y que se ubica debajo de la foto de portada si has tenido un índice de respuesta del 90 % y un promedio de tiempo de respuesta de 15 minutos en los últimos siete días.

Si eres un apasionado de los trapos, la cocina y los viajes, ¡Instagram es tu red! Con la plataforma adquirida por Facebook en 2012 puedes compartir momentos de tu vida por medio de imágenes que reflejan quién eres y todo aquello que te apasione. Aquí la imagen es la reina. Y el video, su pareja real.

Instagram está pensado para móviles, con muchas opciones inhabilitadas desde los ordenadores, como la básica acción de publicar. Así que tus contenidos deben ser fáciles de fotografiar y compartir desde *smartphones*.

Cambia a un perfil de negocios

- Numerosas son las ventajas de cambiar tu perfil a uno de empresas o negocios: la biografía incluirá un botón de contacto más la categoría de la actividad en la que te desempeñas, también un enlace con tu dirección física, métricas y promocionar los contenidos con publicidad.

- Cambiar a un perfil de negocios es muy sencillo. Ve a tus opciones y haz clic en «Cambiar a perfil de empresa», conecta con tu página en Facebook y listo. Con esta alternativa también podrás hacer llamados a la acción para que tus seguidores reaccionen a tus publicaciones, poner información de contacto valiosa (teléfono, correo, tipo de empresa o categoría de tu negocio), y enlazar tu cuenta de Facebook.

Crea tu estilo

- Es muy importante que desarrolles un estilo de publicación que te identifique. En tanto que tu marca personal debe estar presente en la manera cómo muestras tus imágenes, utiliza la misma configuración cuando edites y publiques una fotografía.

- Decide una sola paleta de colores que refleje tu identidad. Tener colores y efectos uniformes en la mayoría de las fotos es una buena manera de desarrollar una estética. Y no olvides que usar demasiados filtros puede hacer que tu perfil, visto en conjunto, no luzca bien.

Utiliza Instagram Stories

- Luego de que Instagram imitara las funciones de Snapchat, los usuarios de esta red se acostumbraron a consumir contenidos que desaparecen en 24 horas. Esta herramienta es muy ventajosa para subir contenido diferente al que acostumbras mediante historias cortas con las cuales, sin mayor trabajo de producción, acercarte a tu público en el día a día.

Otro beneficio es que tu perfil aparece en la parte superior en las pantallas de tus contactos cada vez que publicas una historia. Pero no abuses de esta modalidad para no fastidiar a tu audiencia. Y así como hemos apuntado que la naturalidad es fundamental en cada una de tus entregas, en el caso de estas breves historias ese carácter fresco y espontáneo será el que finalmente te hará sobresalir.

Sé paciente

• Al fin lograste capturar esa foto que perseguías desde hace tiempo. La imagen es impactante y técnicamente perfecta. Seguro sumará numerosos corazoncitos entre tus seguidores. Pero… ¡alto! Son las 2 de la madrugada y tus contactos duermen, con lo que tan maravillosa imagen quedará enterrada entre las que publicarán otros usuarios en las siguientes horas.

• Aunque te muerdas las uñas por publicar un contenido interesante, espera una hora en la que tus seguidores estén activos. Si has conectado tu perfil de Instagram con Facebook, podrás enlazar las estadísticas para conocer cuándo tu audiencia está conectada.

Aprovecha las aplicaciones complementarias

• Sácale provecho a las aplicaciones accesorias para mejorar tanto la calidad como la visibilidad de tus imágenes. Con ellas podrás desde imprimir fotos, buscar palabras clave, suscribirte a perfiles vía *email*, y diversos recursos más presentes en las tiendas Google Play y Apple Store. Toma en cuenta Picsart, para editar imágenes, y Video Show, ideal para edición de vídeos.

Etiquetar, etiquetar, etiquetar

• Aprovecha las fotos grupales para etiquetar amigos. Cuando etiquetamos a un contacto, se multiplican las posibilidades de que nuestra foto gane *likes* y comentarios. Pero, ¡cuidado! La idea no es abusar de las etiquetas o incluir a personas que ni siquiera aparezcan en la foto.

Mientras que Facebook se inclina hacia la amistad con gente que conoces en la «vida real», Twitter trata de establecer nuevas conexiones, intercambiar información y opiniones, y crear diálogos con miembros de tu nicho. La barrera de los 280 caracteres (aunque para algunas cuentas sigue vigente el límite de los 140 caracteres) obliga a que los contenidos en la red del pajarito azul sean directos y breves.

La información se transmite a la velocidad del rayo, lo que te servirá para mantener informados en tiempo real a tus seguidores sobre las novedades de tu sector sin precisar de mucha elaboración previa.

Mucho sin demasiado

● Como maneja un ritmo de publicación más acelerado que otras redes sociales, debes mantenerte activo a lo largo del día. Pero tampoco caigas en la trampa de creer que mientras más tuits envías, mayor será la probabilidad de que otras personas sepan de ti. La calidad de tus publicaciones caerá si insistes en estar presente en todo momento.

● Aunque aconsejo publicar en Twitter no más de una vez por hora, hay *excepciones,* como en el caso de la transmisión de un evento estelar o una noticia impactante, tras los cuales se admite una continua publicación de mensajes o series de tuits sobre el mismo tema.

¿A qué hora?

• Las mejores horas para publicar en Twitter son las 12 p. m. y las 5 p. m. En todo caso, estudia los datos de interacción que arroja Twitter Analytics para configurar oportunamente tu momento. Esta utilidad muestra también los contenidos que más agradan, dato que te será de guía para publicar materiales similares.

• También recomiendo Crowdbooster para conocer los tuits más leídos. Y con la ayuda de la herramienta FollowerWonk sabrás quiénes son tus seguidores, dónde se encuentran y en qué horarios se conectan, además de identificar a los tuiteros más influyentes de tu sector.

Sobrepasa la limitación de caracteres

• Hay maneras de superar la barrera del número de caracteres en Twitter. Como las imágenes no cuentan como caracteres, agrega hasta cuatro, entre memes, capturas de pantalla o infografías, recurso este que sobresale entre los contenidos más compartidos y con el que expondrás abundante información en un espacio reducido.

• También te aconsejo agregar la URL de tu página web a tus tuits y en la biografía del perfil para ofrecer información más detallada de lo que permite el breve espacio de un tuit.

Sé generoso

• Esta es una de las redes donde más participativo debes mostrarte y, pese a que en tu *timeline* los contenidos propios son los protagonistas, tus seguidores agradecerán que compartas información relevante de otros usuarios de tu sector.

Esta gentileza también te ayudará a mantener la velocidad de vértigo de las publicaciones (de entre 5 y 10 tuits al día). Recuerda también establecer conversaciones útiles, divertidas e interesantes con tu comunidad.

• Da un paso adelante en esta política de generosidad y ofrece tu ayuda a cambio de nada. Resuelve dudas e inquietudes para cultivar el reconocimiento de experto. Inicia esta práctica con planteamientos como «Envíame las imágenes de tus diseños para comentarlos en mi próximo *webinar*» o «Dime por qué se te dificulta dejar de fumar y busquemos juntos la solución». Quienes reciben esa clase de ayuda «desinteresada» sentirán un sentimiento de gratitud que se convertirá en interacción y fidelidad (nada es gratis en este mundo digital).

Arrímate a buena sombra

• Una estrategia es descubrir cuáles son los usuarios más influyentes de tu sector, y establecer una relación con ellos mediante menciones, retuits, mensajes privados y demás interacciones. Aplica una estrategia de *networking* para relacionarte con expertos de tu misma categoría, a quienes no debes mirar como tu competencia sino como colegas y potenciales colaboradores.

• Seguir a influenciadores establecidos e interactuar con ellos para compartir, complementar información y generar comunidad especializada, reforzará tu reputación. Pero eso sí: que no se note tu desesperación por compartir con tuiteros afamados. Acércate con discreción y, principalmente, con contenidos bajo la manga que sean de interés para los influenciadores establecidos.

Aprovecha otras plataformas

• Insertar tuits en sitios web o blogs amplía la divulgación de tus mensajes. Con el código de incrustación integrado de Twitter puedes compartir tus tuits ya sea en el blog o la página web que manejes, y así cruzar estas dos plataformas para que se retroalimenten mutuamente.

• Para ello, encuentra el tuit que quieres compartir, haz clic en el ícono de puntos suspensivos (...) ubicado al lado del ícono del corazón, selecciona *Insertar tuit*, y copia el código y pégalo en cualquier documento HTML (en un blog de WordPress, pon el código en la vista *Texto* para incluirlo en una publicación).

Descubre en cuáles listas estás

• Saber de cuáles listas formas parte te permitirá conocer cómo te perciben tus seguidores y en qué categorías te ubican. Con este dato en mano, consolida o redefine tu imagen y la naturaleza de tus contenidos. Es muy sencillo de hacer: en la página de tu perfil, ve a la pestaña de tus *Listas* haz clic en *Miembro de*., con lo que podrás identificar aquellas listas a las que perteneces.

musical.ly

El vídeo es el formato del momento. Y si a sus virtudes le sumas la diversión del *lip-sync* o sincronización de labios con canciones, tienes la fórmula exitosa que arrasa entre los más chicos y adolescentes.Musical.ly, estrenada a fines de 2014, permite subir videos de hasta 15 segundos realizando *lip-sync* de canciones, entre muchas otras alternativas como participar en desafíos o hacer un *playback*.

Uno de sus «defectos» es, precisamente, su mayor virtud: al no ser popular entre los adultos, se perfila como la red preferida por los más jóvenes a quienes dejó de parecerles *cool* Facebook o Twitter cuando a estas redes entraron sus padres para solicitarles ser «amigos». Pero no es solo cuestión de los más chicos: Musical.ly es aprovechada por cantantes famosos para acercarse a sus fans de manera cálida y natural, crear clips para enviar saludos y solicitar que improvisen videos con su música.

• Participa en los desafíos planteados por los *musers*, muchos de ellos famosos que inician estos retos para sus fans y votan por sus videos favoritos. No olvides aceptar los desafíos que te envían otros *musers* y reenviárselos a tus contactos favoritos.

• Aprovecha los beneficios de Live.ly, herramienta para emitir vídeo en directo, lo que la ha convertido en una feroz competidora de Periscope, Instagram y así como también de Facebook Live.

• Sácale partido a la integración de Musical.ly con otras redes sociales como Instagram, Facebook y Twitter. Si tienes una cuenta en Twitter o Facebook con bastante interacción, utilízalas para captar fans desde estas redes.

• Esta plataforma tiene numerosas ventajas técnicas que debes conocer para aprovecharlas al máximo, tales como cámara lenta, rápida o normal, imitando un *timelapse*, y los peculiares filtros que les darán un toque distinto a tus producciones. Para ello y una vez grabado el vídeo, puedes recortarlo, aplicarle un filtro o añadir efectos de tiempo como repetir un fragmento ¡y hasta reproducir al revés!

• Antes de grabar, asegúrate de conocer la canción para interpretarla bien o hacer un *playback* seleccionando el momento del tema más entretenido para tus fans. Cuando hayas llegado al límite de la duración del video, visualízalo desde la pantalla de edición.

• Mantente al tanto de los *hashtags*. Además de conocer los vídeos del momento y con más *likes*, si utilizas el *hashtag* #musically o #muser verás que numerosos usuarios replican su contenido en Instagram. Es una estupenda opción para promocionar tu perfil.

Es la red social profesional por excelencia y donde encontrarás millones de expertos de todo el mundo, empresas, cazatalentos y profesionales con los que construir una marca personal. Así que alardea de tus atributos profesionales.

No es un currículum

• LinkedIn no es una hoja de vida profesional donde rellenas tus datos profesionales y luego te olvidas de ella. Al igual que el resto de las redes sociales, debes preocuparte en mantener tu cuenta viva. Quienes actualizan su perfil con frecuencia disfrutan de mayores posibilidades de éxito que aquellos que permanecen mudos, entre sombras.

• Pese a ser una red profesional, LinkedIn no debe verse como un espacio frío. Para hacer más atractivo tu perfil, recurre a presentaciones y vídeos. Dedícale de 10 a 15 minutos al día para publicar contenido propio, compartir los enlaces a tu blog, encuestar, comentar o recomendar lo que otros publican (con la herramienta en línea BuzzSumo conocerás los temas más relevantes para tu sector y las mejores noticias para compartir).

• Una manera de dar a conocer tu experiencia y habilidades es agregar secciones a tu perfil. Para añadir secciones dirígete al menú *Editar perfil* y haz clic en alguno de los diversos apartados que proporciona el sitio. Por último, personaliza tu URL de acuerdo al siguiente formato: http://LinkedIn.com/tu—nombre—y—apellido. Así las personas podrán encontrarte más fácilmente.

Colega de todos

• LinkedIn no es Facebook, donde aceptamos la amistad de la gente conocida y sus relacionados. Cuanto más grande sea tu comunidad en LinkedIn, mayores oportunidades pueden surgir. Busca a todos tus contactos en la pestaña superior denominada Red y envíales una solicitud.

• Deja a un lado la timidez (en ninguna red social esta es una característica que sume), y envía solicitudes a otros profesionales de tu área, antiguos compañeros de trabajo o estudios, CEO de compañías u otros profesionales con los que tengas interés de conectar. Y que no te tiemble el pulso al momento de aceptar todas las solicitudes: aunque en un principio no lo sospeches, ese sujeto desconocido que permanecía un poco clandestino entre tus contactos de correo, puede significar a futuro una crucial relación como *influencer*.

• Para que otros te encuentren, escribe una buena descripción en el titular que aparece debajo del nombre, con palabras clave que describan tu actividad. El Keyword Planner de Google es una herramienta muy útil para encontra las *keywords* más buscadas por los usuarios.

Agrúpate

• Los grupos son espacios ideales para conocer a otros profesionales de tu campo. Al unirte a un grupo, la noticia aparece en el Newsfeed de tus contactos actuales, así como las interacciones que realices en tal grupo. Para encontrarlos, vete a la ventana superior de búsqueda, despliega el menú ubicado a la izquierda, dale a *Grupos* y escribe la profesión o palabras clave que desees consultar.

• Ya cuando hayas experimentado con este medio, no dudes en crear tu propio grupo y demostrar tu experiencia en determinada área.

Google+ guarda una poderosa arma para quien sepa utilizarla: por ser parte del paquete Google, impulsa poderosamente el posicionamiento orgánico de los contenidos. Todo lo que compartas tendrá mucha visibilidad. Recurre a ella para difundir el contenido generado en otras redes sociales.

• Para conocer la hora ideal para publicar en Google+ tienes la herramienta Google Timing, que refleja los mejores horarios para compartir y el promedio de tus mejores *posts* por día de la semana, entre otras útiles opciones.

• En la medida de tus posibilidades, forma parte de al menos cinco comunidades relacionadas con tus objetivos. Para buscarlas, despliega el menú situado a la izquierda de tu perfil, pincha en Comunidades y escribe en el buscador de la derecha la actividad que desees conseguir. Cuando ya pertenezcas a estas comunidades, sé activo, comparte material y comenta.

snapchat

La red del fantasma sobre fondo amarillo es la plataforma de mensajería social que rompe esquemas: según la publicación Business Insider, alrededor de 760 millones de fotos y videos son enviados a diario a través de Snapchat, generando cerca de un un billón de vistas en el mismo lapso.

- Como las imágenes y vídeos solo permanecen en esta aplicación durante 24 horas, resulta ideal para contenidos efímeros así como para realizar concursos o promociones que solo duren un día. Muchos *influencers* la utilizan para apuntalar su prestigio en otras redes, pero no por ello debemos subestimar la potencialidad de esta herramienta.

- Utilizada principalmente por personas de entre 15 y 25 años, esta red es excelente para posicionarse en el rubro juvenil con contenidos tales como videojuegos, moda adolescente, eventos de música, estrellas pop, novedades tecnológicas y todo aquello que entre dentro del radar de la llamada generación *millennials*, caracterizada esta por ser preparada académicamente, con confianza en sí misma, conectada con el mundo y abierta al cambio.

★ **MENCIONA** la red que has elegido como primaria, y dos más con las que apoyarás la divulgación de tus contenidos:

1) _____

2) _____

3) _____

★ **UTILIZA** el *hashtag* #ConstruyendoUnInfluencer en un tuit en el que menciones el contenido publicado en otra red social donde participes.

★ **APUNTA** 3 perfiles destacados dentro de tu red primaria, y las maneras como podrías diferenciarte de ellas:

1) _____

2) _____

3) _____

★ **REVISA** tus anteriores publicaciones y anota 3 aspectos que mejorarías.

1) _____

2) _____

3) _____

Promociona el
CONTENIDO

No basta con publicar: asegúrate de que
tu contenido de valor llegue y seduzca
a la audiencia de tu interés.

No es cuestión de publicar tus contenidos e irte a dormir para, a la mañana siguiente, amanecer convertido en un acreditado *influencer*. ¡Nada más alejado de la realidad! Crear un material excelente es la mitad del camino hacia el éxito como influenciador. El segundo tramo del camino es aplicar herramientas promocionales para que ese contenido llegue al público de tu conveniencia.

Los medios digitales están al alcance de las personas con apenas encender su teléfono móvil, tableta u ordenador, lo que lleva a que hoy el mercado esté saturado de quienes desean despuntar en su especialidad. Quien tiene mayores posibilidades de éxito en la era Google no es siempre aquella persona que domina un gran número de habilidades o conocimientos, sino quien es más visible.

Ser el mejor generador de contenidos dentro de tu área no sirve de gran cosa si no logras llegar a tu público objetivo. De allí que debes de tratar que tu marca personal resalte entre la feroz competencia de perfiles y contenidos. Cuanto más destaques y te posiciones, mayores serán tus posibilidades de ser exitoso. El propósito de este capítulo es aprender a manejar las claves para impulsar tus contenidos dentro de la esfera en la que deseas destacar y generar acciones entre tus seguidores.

SEGUIDORES, TUS MEJORES PROMOTORES

Existen maniobras tanto gratuitas como pagadas para promocionar tu contenido, pero un factor es tan básico como no tomado en cuenta: tus seguidores son los mejores promotores de tu contenido.

Para entender mejor esta realidad, repasemos el modelo de comunicación que nos plantean las plataformas sociales digitales. El influenciador, que no es más que un comunicador de este siglo, tiene que estar claro de este esquema para aprovechar todas sus posibilidades:

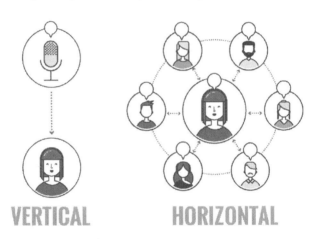

VERTICAL   **HORIZONTAL**

Comunicación vertical

Los mensajes en los medios tradicionales, como es el caso de la radio, el cine, la prensa y la televisión, fluyen de manera vertical y unidireccional. En estos casos, un personaje emite un mensaje que es consumido pasivamente por el receptor desde el otro extremo del canal.

Comunicación horizontal

Por el contrario, en el nuevo modelo de comunicación que ofrecen las plataformas digitales, las personas que forman parte del proceso se comunican tanto con el creador del mensaje (como ocurre cuando el oyente de un programa de radio se pone en contacto telefónico con el locutor de un programa), como con los otros participantes del proceso.

En este nuevo modelo de comunicación horizontal y multidireccional, la conversación que se da entre los actores hace que tu mensaje se difunda con eficacia o no. Un mensaje se *viraliza* porque la gente así lo decide. Si tu audiencia no participa comentando, dando *Me gusta* o compartiendo, tus publicaciones jamás llegarán a otros fans o nunca crecerá tu comunidad de manera orgánica.

 # INTERACTÚA TRAS PUBLICAR

A lo largo de estas páginas, y tal como es la costumbre general, hemos utilizado el término «seguidor» para aquella persona atenta a tus contenidos. Pero esta palabra quizá no sea la más apropiada: no se trata de un rebaño que sigue ciegamente el rumbo trazado por un pastor de ovejas.

El seguidor es un interlocutor que no solo está ahí con su teléfono o tableta entre las manos para devorar contenidos, sino que quiere participar y sentirse escuchado. Por eso se llama «red social», gracias a la interacción y los atributos socializadores que brindan estos medios.

Una vez que hayas publicado tus contenidos, sigue las siguientes recomendaciones para formar parte activa y dinámica dentro de tu comunidad:

• No te conformes con ser un simple generador de contenidos. Tras la publicación de tus materiales, forma parte activa de este nuevo modelo de comunicación y responde, contesta dudas, demuestra interés por tu audiencia y agradece cuando te sigan.

• Eso sí, ¡jamás automatices agradecimientos como respuesta cuando alguien te comienza a seguir! Esta maniobra solo genera una frialdad muy distante de la calidez que deseamos transmitir a nuestra comunidad.

• Las redes sociales son sinónimo de inmediatez. Responde a las dudas y comentarios en un tiempo no mayor a las 24 o, cuando mucho, 48 horas.

• Mantente involucrado con tus seguidores a lo largo de la semana, no solo el día en que publiques algún contenido especial.

• Muéstrate activo no solo en tu propia cuenta. Una efectiva manera de expandirte hacia otras comunidades de tu interés es interactuar con otros usuarios en sus canales y muros. Hazles comentarios positivos, revisa los contenidos de tus nuevos seguidores, sigue a aquellos que compartan intereses contigo y a quienes se suscribieron a tu canal.

• Por supuesto, no se trata de seguir a todo aquel que te siga, pero sí de reconocer a posibles interlocutores con los que conversar a futuro. En todo caso, dosifica esta alternativa para que nunca tengas más personas a las que sigues que personas que te siguen.

• Ten en mente a tus propios espectadores cuando te involucres con otros canales, y haz clic en *Me gusta* a las publicaciones que creas que serán de ayuda para tus los seguidores de tu perfil.

- Pon tus enlaces en aquellas publicaciones de terceros siempre y cuando aportes valor, evitando a toda costa incurrir en la mala práctica de recorrer la red para dejar a diestra y siniestra la dirección de tu blog o web. De insistir injustificadamente en esta costumbre, serás clasificado de irritante y desesperado *spam*.

 # LLAMA A LA ACCIÓN

Un viejo dicho reza «pide, que no sabes si están por darte... ». Cuando quieres algo, el primer paso para conseguirlo es pedirlo. En este elemental principio se basan los llamados a la acción o CTA (*Call to action*), que no son más que las frases o elementos gráficos que invitan a tus seguidores a tomar una acción determinada.

El propósito último de todo *influencer* es mover a la acción a los miembros de su comunidad. La gente es agradecida por naturaleza, así que si consigues una audiencia que valora tus contenidos, siempre querrá ayudarte por haberle sido útil.

Algunos lo harán espontáneamente y compartirán tu publicación sin que haya solicitud alguna; pero en otros casos —seguro a ti te ha ocurrido, a mí me pasa a cada rato— el llamado a la acción dará ese último y necesario empujoncito a la buena voluntad de tu audiencia:

- Un error común es no impulsar a tu audiencia a que haga *like*, se suscriba, comparta o comente. Si ofreces contenido de calidad, pídeles que tengan ese gesto como muestra de generosidad y agradecimiento. ¡Pero tienes que pedírselo!

- Utilizadas en el *marketing* convencional para cerrar ventas, fidelizar a la audiencia o promocionar un evento, los *call to action* son una maniobra útil cuando quieres que tus seguidores tomen una acción. Debes tener claro qué quieres conseguir, ya sea tráfico a tu sitio web, mayor interacción o que compartan la publicación, que te hagan comentarios o que te recomienden. A partir de esa claridad en el objetivo que persigues, diseña los llamados a la acción y elije las palabras que resulten efectivas.

- Ya sea que busques interacciones con las publicaciones (comentarios, *likes*, retuits) o clics al sitio web (para leer, registrarse o comprar), las siguientes expresiones son muy eficaces al momento de llevar a tu público a la acción:

  - «Cuéntame tu experiencia».
  - «Quiero saber tu opinión».
  - «Haz clic en el enlace para leer más».
  - «Participa ahora».
  - «Comparte para difundir».

- Acompaña la publicación de tus fotos con una pregunta del tipo «¿Has visitado una playa igual de fantástica?» o «¿Qué otras combinaciones propones para este traje?». Mientras más personas respondan la consulta, más popular será tu publicación. Usa esta estrategia en tu página web, en una publicación en Facebook, Instagram o cualquier otra red social, así como para realizar concursos y sorteos.

- Muéstrate amigable en tu llamado a la acción. Que la audiencia no sienta que la presionas para realizar una tarea. Todo aquello que huela a mandato solo consigue un efecto contraproducente y la gente, que nunca desea que le impongan órdenes, pasará por alto tu llamado a la acción.

- Las propias plataformas brindan herramientas para realizar llamados a la acción. En el caso de Twitter o Instagram, plantear encuestas lleva a que tus seguidores expresen su opinión sobre determinado tema. A su vez, los botones ubicados en la parte superior de tu página en Facebook convocan a acciones como visitar tu sitio web, comprar, contactar, reservar, usar una aplicación, ver video o jugar. Personaliza estas pestañas para presentar la acción que te convenga, desde presentar casos de éxito hasta promocionar eventos, productos y servicios.

- En caso de manejar un blog o página web, instala herramientas automatizadas para ofrecer contenido adicional (*ebook*s, manuales, videos o cualquier otro material vinculado con tu sector) a cambio de retuits y *likes*. Esta estrategia aumentará el número de seguidores orgánicos en tus perfiles sociales.

- Sé original en tu llamado a la acción. De acuerdo al contenido que manejes, apela al romanticismo, al amor a las mascotas, a la nostalgia, comulga con el sentimiento y las emociones de la gente y formula preguntas como: «¿Qué le dirías a ese ser amado que ya no está contigo?» o «Recuerda el día de tu primer beso».

 # CONTENIDOS ETIQUETABLES

Esta práctica es de los llamados de acción, pero merece una mención especial gracias a su potencial para promocionar contenidos. En el capítulo anterior mencionamos la importancia de etiquetar a terceros con el fin de ganar *likes* y comentarios. Pero ahora no eres tú quien etiquetará, sino que solicitarás a tus seguidores que lo hagan mediante el llamado a la acción «Etiqueta a tus amigos», uno de los secretos de la *viralidad*.

• Así como debes procurar hablar y comunicarte con tus seguidores, toma medidas para que ellos conversen entre sí mediante el llamado a la acción «Etiqueta a tus amigos». Pero no basta con poner la frase, como aparecida por arte de magia, al final de tus contenidos: el material que publiques debe ser *etiquetable*.

• Para crear contenidos *etiquetables,* recuerda lo que comentamos en páginas atrás sobre presentar tus contenidos mediante historias que conecten emocionalmente con la audiencia, bien sea porque los diviertan, orienten, hagan reír o inspiren. Tras conectar con situaciones que reflejen sus propias vivencias, quienes te siguen de seguro conocerán entre sus propios seguidores a quienes se vean reflejados en esa experiencia. Y divulgarán tus mensajes con ellos mediante la magnífica maniobra «Etiqueta a tus amigos».

• Cuenta tus experiencias para impulsar *mentions* y etiquetas. Bien sea que se te quemen los postres o tengas dudas al momento de combinar tu ropa, plantea la situación de manera divertida y pon al final una leyenda con algo como «Etiqueta a un amigo que sea así». Notarás cómo la interacción orgánica se disparará.

PREMIA CON TUS CONOCIMIENTOS

En los últimos tiempos hay un debate alrededor de los concursos para incrementar el alcance orgánico en las redes sociales. Quienes los critican argumentan que este mecanismo aumenta el interés por un contenido gracias al premio a obtener y no tanto por la calidad del contenido como tal. No obstante, hasta sus mayores críticos no desmienten la eficacia de los concursos para difundir nuestro material y llegar a un público más amplio que, a la larga, se interese genuinamente por lo que publicamos. Los concursos son una manera legítima para activar rápidamente una comunidad y hacerla crecer, siempre y cuando tengan sentido y aporten valor.

• Existen muchas maneras de generar visibilidad a través de concursos y juegos. La opción más común es pedir que tus seguidores utilicen un *hashtag* específico, etiqueten a personas, que hagan retuit, le den *like* a una publicación o la compartan la mayor cantidad de veces.

• Sé creativo y propón concursos más allá del simple clic, *like* o tuit. Nombra ganador al participante más original o al que cumpla un reto interesante. Si eres *influencer* de moda, por ejemplo, organiza un concurso cuyo ganador sea quien publique una foto con la mejor combinación de prendas de vestir con colores llamativos. De enfocarte en el área gastronómica, premia a quien ofrezca una receta para preparar un postre en cinco minutos. O, si incursionas en la autoayuda, recompensa al seguidor que mande el mejor mensaje o fotografía que levanten el ánimo.

• Las menciones de tus seguidores deben incluir tu nombre de usuario, utilizar un mismo *hashtag,* y animar a que otros etiqueten a sus amigos.

• Los concursos sirven también para divulgar tu experiencia profesional. El premio podría ser una asesoría gratuita, acompañarte durante la grabación de un video o cualquier otra gratificación que sea de valor entre tus seguidores y apuntale tu categoría de experto en el área.

CONTENIDO PROMOCIONADO

Las siguientes opciones de promoción de contenido exigen realizar una inversión económica. Existen prejuicios alrededor de esta modalidad de pago, pero, muy a diferencia de la práctica negativa de comprar seguidores, con el contenido promocionado llegarás a un público que te desconoce y que, de ser seducido por tu contenido, pasará a formar parte de tu audiencia orgánica.

La intención de estas líneas no es profundizar en los costos, duración y rendimiento de estas campañas. Cada red social brinda en sus *sites* tales detalles. Mi propósito es ofrecer los trucos para explotar al máximo esta posibilidad y que sea lo más eficaz posible.

OBJETIVO Y METAS

• Antes de poner manos a la obra, establece la meta que desees lograr con el contenido patrocinado. Esta meta debe estar alineada con el objetivo general que te trazaste al momento de definir tu marca personal.

• Los objetivos son generales y a concretar en el mediano y largo plazo —ser el *influencer* más destacado dentro de tu sector, por ejemplo—. Las metas, en cambio, son propósitos puntuales a realizar en un lapso entre una semana y un mes, y varían de acuerdo a la etapa en que la que te encuentres como influenciador.

• Antes de invertir recursos, piensa en lo que quieres obtener con tu promoción y enfoca tus anuncios en alcanzar la meta planteada. Algunas metas posibles son:

• Ganar seguidores.

• Lograr alcance mediante número de impresiones.

• Más visitas a tu web.

• Aumentar tu visibilidad.

• Promocionar tu participación en un evento o *webinar,* un producto o servicio.

• Lograr mayor *engagement* con menciones, material compartido y aumento de comentarios.

SEGMENTACIÓN

Si deseas que tu acción publicitaria logre sus frutos, la primera regla a seguir es segmentar el público al que destinarás tu mensaje patrocinado. La segmentación es un término comercial para seleccionar la audiencia objetivo de tus contenidos y así sacarle el mayor provecho a la inversión.

La idea no es que tu contenido promocionado sea visto por la mayor cantidad de personas, sino por el público específico que forma parte de tu comunidad de intereses.

Cada red social cuenta con herramientas de segmentación —en el caso de LinkedIn, ihay hasta 100 criterios para elegir!—. Generalmente se basan en idioma, sexo, por intereses, tipo de dispositivo utilizado, horarios de mayor interacción y ubicación geográfica.

PRESUPUESTO

Cada plataforma ofrece costos distintos que cambian continuamente. Averigua al detalle estas especificaciones antes de tomar una decisión. Para algunas metas bastará una publicación promocionada puntual. En casos más ambiciosos (y, por lo tanto, más costosos) será necesaria una campaña completa.

Te adelanto, sí, que mientras que el costo por clic no varía demasiado con los anuncios en Google + o LinkedIn, los anuncios en Facebook (Facebook Ads) cuestan mucho menos si se utilizan constantemente.

Las opciones promocionales en esta red permiten aumentar el tráfico por un precio bajo y observar a cada momento la conversión de la campaña. También con esta plataforma puedes tener un costo por clic (CPC) bastante asequible, generar muchas impresiones y enfocarte en una zona demográfica específica.

CREACIÓN Y GESTIÓN

Luego de fijar tu meta, establecer un presupuesto y definir al público, es la hora de crear tu contenido promocionado. A diferencia de tus publicaciones habituales, el contenido promocionado llegará a una audiencia que no lo ha pedido. Deberás aplicar un esfuerzo adicional.

- Debe ser impactante. Imprímele un *punch* que lo vuelva irresistible. Piensa en un texto tan breve como potente —no digas en doce palabras lo que puedas decir en seis—. Y la imagen o el video utilizados deben cautivar.

- Al seguidor se le atrae desde las emociones y la utilidad, no tanto desde el aspecto comercial. Aplica en este punto lo que apunté páginas atrás sobre el *storytelling* y el poder cautivador de contar historias.

- El humor es un arma poderosa y uno de los mejores aliados de la *viralidad*. Aprovecha tu contenido promocionado para mostrarte divertido.

 # ELEGIR LA RED CONVENIENTE

Aunque lo recomendable es promocionar tu contenido en aquella red que hayas elegido como primaria, cada una tienes características propias que es bueno estudiar si se desea potenciar la promoción en otras plataformas sociales:

INSTAGRAM

Instagram es una de mis elecciones favoritas para promocionar contenido. Muchas son las razones que sustentan esta elección: el poder de las imágenes, el bajo coste que supone crear campañas publicitarias, y un alto grado de segmentación de audiencia.

Como si fuera poco, los contenidos promocionados en esta red se integran muy bien con el resto de las publicaciones convencionales.

FACEBOOK

La red creada por Mark Zuckerberg ofrece dos herramientas diferentes para crear un anuncio pago: el Power Editor y el administrador de anuncios. El primero es más para grandes empresas que buscan un control preciso sobre muchas campañas. Para un influenciador que se inicia, el administrador de anuncios es enteramente satisfactorio.

En Facebook puedes crear tantas campañas como quieras, implementar el gasto que consideres, detener el aviso en el momento que gustes, e incluir las imágenes y descripciones que desees, siempre y cuando no sobrepasen los 90 caracteres. Antes de comenzar a crear una campaña en Facebook, es importante decidirte entre dos opciones:

Coste por clic (CPC)

El coste dependerá de las veces en que se hace clic en tu anuncio. Es la opción recomendada si deseas aumentar tráfico, promocionar un evento, obtener más fans, redirigir a alguna página fuera de Facebook, o la realización de descargas o compras. Esta alternativa hace que tu anuncio sea visto por muchísimas más personas de las que hagan clic sobre él. Si no tienes un gran presupuesto y eres nuevo en Facebook Ads, lo mejor es que elijas CPC.

Coste por mil impresiones (CPM)

El coste se basa en el número de visualizaciones del anuncio. Es ideal si quieres darle mayor visibilidad a tu marca personal. Permite especificar cuánto quieres pagar cada vez que tu anuncio sea visto 1 000 veces, y es muy utilizado por anunciantes que ejecutan hasta cientos de combinaciones de anuncios.

Sin embargo, requiere tiempo y dinero para el proceso de 'optimización' (mayor efectividad, menor coste), por lo que debes monitorear bien tus anuncios CPM.

TWITTER

Debes tener una antigüedad y actividad mínimas para suscribirte a Twitter Ads, mecanismo que te asistirá en la configuración de tus tuits patrocinados. Como Twitter limita a cuatro el número de tuits promocionados que muestra a cada usuario por día, debes elegir con sabiduría una de las tres principales opciones:

• Tuits promocionados por intereses relacionados con tu sector.

• Tuits promocionados *keywords*, con lo que el contenido promocionado se dirigirá a los usuarios que buscan una palabra en concreto.

• Tuits promocionados *keywords* en *timeline*, destinados a cubrir a las personas que utilicen en sus publicaciones palabras clave en concreto.

Sea cual sea la opción que decidas, excluye como destinatarios a tus actuales seguidores: te interesa llegar a una audiencia que nunca ha interactuado contigo, y no a tus fans habituales. Para esto, haz clic en «Crear campaña», y en la sección «Seleccionar a tu audiencia», elige «Agregar seguidores» y desmarca la opción «También dirigido a tus seguidores».

YOUTUBE

Para comenzar a promocionarte en esta red primero debes contar con una cuenta en Google Adwords. Seguidamente, crea la campaña, define el anuncio y selecciona la segmentación. Esta plataforma ofrece varias modalidades:

True View in Stream: es el tipo de anuncios más conocido. Puede aparecer antes, durante, o después del vídeo que se esté viendo, y el espectador puede saltarlo luego de haber visto cinco segundos. Solo pagarás cuando la persona haya visto 30 segundos del vídeo o haya interactuado con él. Si el vídeo dura menos de 30 segundos, deberá verlo entero.

Discovery de TrueView: son anuncios compuestos por una miniatura y tres líneas de texto. Al hacer clic sobre ellos, envían al usuario al canal del anunciante, donde verá el vídeo. Solo se te cobrará si la persona hace clic en la miniatura.

Bumper Ads: son mucho más breves que los anteriores, con un máximo de seis segundos. Ofrecen un mensaje directo y sencillo de recordar. Se paga por cada mil impresiones.

MEDICIÓN

No todo termina una vez que publiques tu contenido patrocinado. Medir los resultados es un aspecto fundamental. Una vez lanzada la promoción, hazle seguimiento mediante el análisis estadístico de las conversiones, las impresiones, las interacciones, el gasto y las conversiones logradas. Analizar estos datos te ayudará a optimizar la campaña, dirigirla a aquellos segmentos que mejores conversiones estén generando, y realizar a futuro anuncios más eficaces. De la red seleccionada dependerá la herramienta de medición a utilizar:

Facebook Ads y Facebook Insights dan información sobre el rendimiento de tus anuncios y qué mensajes funcionan mejor. La última herramienta mencionada está ubicada en el menú de navegación a la izquierda del administrador de anuncios en Facebook, y muestra los anuncios con mayor eficacia, comportamientos de la audiencia, los contenidos más atractivos e información clave sobre la competencia.

- Pirendo: es estupenda para analíticas de Twitter así también como de Facebook.

- YouTube Analytics, Brandwatch para la medición de reputación *online*.

- Google Analytics: para analíticas de webs y blogs.

 # VIDA FUERA DE LA RED

Amas el sonido de las teclas, sin duda te sientes en tu elemento cuando enciendes la cámara para grabar tu video, te apasiona responder las dudas de tus seguidores... ya seas una celebridad *online* o un *influencer* nacido en las redes, el mundo digital es tu ecosistema natural. Pero no te olvides por completo de la *vida real* para conquistar audiencias y concretar tu potencial como influenciador.

- Busca los puntos de coincidencia entre tu mundo digital y tu vida fuera de línea para sacarles el mayor beneficio. Salvo pocas excepciones, todos aquellos que conoces *en persona* manejan un perfil en las redes sociales, y ese individuo al que le ofreces un apretón de manos en la oficina o el automercado, de seguro te buscará en las redes para convertirse, en caso de que le agraden tus contenidos, en un fiel y activo seguidor.

- Combina el mundo *offline* con el *online* para establecer una marca personal sólida. *Desvirtualízate* y participa en eventos presenciales para establecer relaciones de provecho tanto para la creación de contenidos originales como para ganar audiencia orgánica. Retoma contactos anteriores, organiza eventos propios y asiste a ferias, congresos o seminarios del sector, donde puedas dejarte ver y, al mismo tiempo, conocer a los profesionales relevantes de ese ámbito.

• Escribe artículos en tu blog sobre tu participación en tales eventos, muestra tu punto de vista y las principales conclusiones, y comparte ese contenido en las redes sociales mencionando a los contactos que has conocido en persona en tales eventos.

• Benefíciate de las posibilidades de promoción que ofrecen los medios tradicionales como la radio, la prensa y la televisión. No se trata de medios rivales, sino de aliados cuya coexistencia te ayudará a construir tu imagen personal y consolidar tu reputación. Notarás que muchos de los que no te conocían, te seguirán tras saber de ti por estos medios convencionales.

• Da un paso más y ofrece charlas y conferencias sobre tu especialidad. Que la gente te vea y sepa a qué te dedicas genera credibilidad tanto en las redes como también fuera de ellas.

• Aunque muchos dicen que ya pasaron de moda, las reuniones de usuarios de un mismo medio social siguen siendo un recurso para captar la atención, hacer amigos y aumentar tu popularidad.

• Aunque suene en desuso, manda a hacerte tarjetas personales. El diseño debe ir acorde con tu imagen digital, incorporar la dirección de tu blog o página web y las redes sociales que manejes. Toda promoción es válida y suma.

★ **IDENTIFICA** a 5 *influencers* dentro de tu área, síguelos y establece contacto con ellos:

1) _____

2) _____

3) _____

4) _____

5) _____

★ **UTILIZA** el *hashtag* #ConstruyendoUnInfluencer para mencionar en tu red social primaria alguna actividad o evento en los que participarás en los próximos días:

_____

★ **SEÑALA** a 5 de tus seguidores más entusiastas, y comparte o comenta una de sus publicaciones:

1) _____

2) _____

3) _____

4) _____

5) _____

★ **ESTABLECE,** de acuerdo a tus objetivos, 2 llamados de acción a aplicar en tus próximas publicaciones:

1) _____

2) _____

Rentabiliza tu
REPUTACIÓN

Los diferentes rumbos a seguir para disfrutar de dividendos económicos gracias a tu prestigio en las redes sociales.

No solo de prestigio vive el hombre y, tras consolidar tu marca personal en las redes sociales, es lógico querer saborear los frutos monetarios de tanto esfuerzo: ganar dinero. Es un deseo más que razonable luego de destinar mucha de tu energía, días ante al teclado y noches sin dormir a una labor que aún dista mucho de terminar.

Una primera advertencia sí te doy antes de comenzar a imaginarte un vehículo último modelo estacionado frente a la puerta de tu casa o unas lujosas vacaciones en Bali: la rentabilidad nunca es inmediata. Obtener beneficios económicos se logra luego de cultivar tu credibilidad, y aunque durante tus primeras etapas en este largo camino quizá las marcas no te contacten para promocionar sus productos y servicios, la reputación es un valor que, ya sea a mediano o largo plazo, rendirá beneficios.

 **PRIMERAS OPCIONES**

Dentro del inventario de posibilidades económicas que se abren luego de desarrollar tu marca personal en las redes sociales, adelanto las siguientes opciones:

- Poner en venta tus propios productos y servicios a través de tu web, desde *ebooks*, manuales, guías, hasta artículos relacionados con el sector en el que te desempeñas, ya sean de estética, moda o decoración, por ejemplo.

- Mediante Google Adsense, comerciar contenidos de pago y *banners* de publicidad en tu blog o página web.
- Cursos de formación, conferencias y *webinars*.
- Cobrar por consultorías.
- Aplicaciones vinculadas con tu actividad.
- Conseguir un empleo más satisfactorio.

Pero aquí no acaba el repertorio de posibilidades. En las líneas siguientes profundizaremos en las opciones económicas más frecuentes con las que un *influencer* puede vivir de esta actividad.

 **INICIOS EN YOUTUBE**

A diferencia del resto de redes sociales, YouTube retribuye directamente a los usuarios por emplear sus canales como plataforma publicitaria. El origen de ello se da en 2011, año cuando se crea el programa YouTube Partner.

Este sistema abrió las puertas para que los autores de los videos, que antes publicaban sus materiales sin procurar beneficio monetario alguno y con el único propósito de que sirvieran de vidriera de sus pasiones, recibieran parte de los ingresos generados por los anuncios. Fue ese el Big Bang del universo *youtuber*.

¿Cuánto gana un *youtuber* por poner anuncios en sus videos? Imposible dar una tarifa exacta. Los honorarios varían de acuerdo a numerosos factores que pasamos a explicar en el siguiente gráfico:

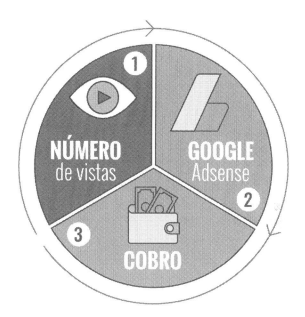

Consigue vistas y sé *partner*

Si tu canal consigue mucha visibilidad mediante un número determinado de suscriptores, visitas y reproducciones, YouTube te contacta para que te hagas *partner*. Puedes convertirte en *partner* si garantizas que subirás contenido 100 % original, de calidad y, por supuesto, si cumples con las demás condiciones y normas del servicio. Conoce con detalle tales requisitos visitando la sección que YouTube destina para profundizar en este tema: https://support.google.com/youtube/answer.

Regístrate en Google Adsense

Quienes tengan un canal en YouTube pueden ofrecer sus vídeos como plataformas publicitarias para quienes quieran anunciarse allí. Google AdWords es el servicio de Google que facilita esta posibilidad. Primero debes registrarte en Google Adsense, que es el sistema que sirve de intermediario entre los autores de los contenidos y las empresas que pagan para colocar sus anuncios en los vídeos. También los blogs, los sitios de noticias y las *apps* pueden beneficiarse de este mecanismo.

Detalles de pago

Antes de seguir es conveniente que conozcas los términos CPM y CPC. Tales siglas hacen referencia a los distintos métodos empleados para medir los costos de una campaña publicitaria *online*. Conocer las diferencias entre CPM y CPC ayuda a los anunciantes a invertir eficazmente el presupuesto, mientras que para los creadores de contenido representa el mecanismo como recibirán sus ingresos por servir de plataformas publicitarias.

- **CPM o coste por mil:** el CPM es el coste de mil impresiones de un anuncio, es decir, el precio que se paga por ver aparecer un aviso mil veces en determinada plataforma. El anunciante propone el número de ocasiones en que quiere que su mensaje aparezca en la página y en base a esto se establece un precio por cada mil. Por ejemplo, si un canal en YouTube tiene un precio de $10 por cada 1 000 impresiones y el anunciante solicita 100 000 impresiones, el costo de su campaña ascenderá a $1 000.

- **CPC o coste por clic:** el CPC es un modelo basado en los clics que se dan sobre el anuncio. El anunciante paga únicamente cuando el usuario hace clic. Sin esta acción no hay pago, independientemente del número de impresiones. Así, YouTube no paga por *likes* o por suscriptores, sino por videos vistos.

Lo pagado por CPC o costo por clic depende del país donde se generan los contenidos —en Estados Unidos se paga mejor el CPC que en Latinoamérica, por citar un caso—, el idioma, los *tags* utilizados y la temática tratada. En todo caso, el promedio es de 0.04 dólares por clic. El pago comienza una vez que tengas 10 000 vistas por videos. Quienes no alcancen este número no podrán poner anuncios en su canal.

Ten en cuenta que para YouTube solo cuentan las visualizaciones monetizadas, es decir, aquellas en las que el usuario interactúa con el anuncio: para que un anuncio cuente como visto, es necesario que el usuario haga clic en él o, en el caso de los videos, que lo vea al menos durante 30 segundos. Las aplicaciones utilizadas para bloquear anuncios hacen que una vista ya no se considere monetizada.

El número de suscripciones, la cantidad de *Me gusta*, los comentarios y las visualizaciones, aunque no se remuneran de manera directa, sirven para posicionarse en los mecanismos de búsqueda y revalorizar el coste por cada mil impresiones o CPM.

Para un control de este proceso, en el apartado Analytics de tu canal podrás observar los diferentes parámetros tales como valor promedio de tus videos, ganancias, vistas monetizadas, anuncios utilizados, ingreso por anuncio y otros. Finalmente, la contabilidad y los pagos se realizan a través de AdSense mediante una transferencia electrónica a la cuenta bancaria del usuario.

Debo mencionar que el grueso de las ganancias obtenidas por los *influencers* no se genera directamente por servir de plataforma publicitaria donde mostrar avisos, sino cuando es contratado por marcas para que patrocinen sus productos y servicios.

ALTERNATIVAS PARA YOUTUBE

En paralelo a prestar tu canal en YouTube como soporte publicitario, hay opciones que apuntan a la rentabilidad monetaria de esta red. Una de ellas es la futura alternativa consistente en vender en línea los artículos mostrados en los vídeos. Se trata de Shopping Ads, formato en donde si, por ejemplo, se reproduce un tutorial sobre ropa, al pasar el *mouse* por encima del icono situado en el margen derecho del vídeo, se despliega una barra con el precio y las opciones de compra de los artículos mostrados en el video. Debes mantenerte atento de las nuevas opciones que, como esta, prometen incorporar posibilidades de negocio para los *youtubers*.

LA NUEVA CARA DE LAS MARCAS

La llegada de las redes sociales cambió radicalmente la manera con que las personas se reconocen y hablan entre sí, comparten información, coordinan acciones y se mantienen en contacto. En esta nueva «era de la participación» no tardaron en destacar personalidades cuya autenticidad y conocimientos les hizo ganar credibilidad entre sus semejantes... y ya sospecharás de quiénes hablo. Las grandes firmas, atentas a esta revolución, dirigieron su atención a los *influencers* para acercarse a su audiencia. Hoy, ellos son la voz de las marcas.

Según el Estudio Anual de Redes Sociales de IAB Spain, el 92 % de los ciudadanos confía más en el contenido producido por otras personas que en la publicidad convencional porque los *influencers* les ponen cara a las marcas, las humanizan, restando esa frialdad que puede darse entre una marca y sus clientes o usuarios.

Este auge impulsó el desarrollo de una rama especializada del *marketing*, el *marketing influencers,* cuyo fin es contactar *influencers* para la difusión de mensajes y contenidos relacionados con la marca.

CLASIFICACIÓN SEGÚN LA RELACIÓN CON LA MARCA

Además de las diferentes clasificaciones de influenciadores ofrecidas en el primer capítulo de este libro, presentamos a continuación una tipología a partir de la relación que un *influencer* establece con las marcas:

Explorador

Se dedica a buscar tendencias para recomendar novedades sin percibir recompensa económica alguna (al menos en sus inicios). Este tipo de influenciador entra en la categoría de los fans o aficionados de ciertos productos y servicios, de los que expresan su opinión sincera, ya sea favorable o desfavorable.

Representante de marca

Luego de pasar por la fase de explorador, el *blogger*, *youtuber* o *instagramer* establece una relación comercial a corto o mediano plazo con las marcas. Los representantes de marca generalmente obedecen a contratos temporales para publicar determinado número de *posts* o menciones.

Embajador de marca

Es una figura parecida al *representante de marca* pero con una relación mucho más estrecha con la marca. Por lo general, firma contratos de exclusividad por un lapso no menor de los seis meses. Son expertos que respiran y sienten el producto o servicio que promocionan. Comen en el restaurante de la marca, conducen el vehículo de la marca, cada mañana se cepillan los dientes con la crema dental de la marca… en fin, viven la marca y comparten con ella su misma visión, valores y estilo de vida.

¿QUÉ BUSCA EN TI UNA MARCA?

Coherencia, fiabilidad, relevancia, valor y profesionalismo son las cualidades a mostrar por un *influencer* para que una marca se interese por él. Detallemos cada una de estas características:

 **Coherencia**

Que seas coherente con la visión, la misión y los valores de la marca es la condición que los responsables de las acciones promocionales buscarán en ti antes de contratarte. Para ello, los *marketing influencers* monitorean las redes sociales para identificar si un *influencer* coincide con los intereses de su *target* o cliente objetivo, y sobre cuáles temas hablan sus seguidores.

Es decir, además del tono de comunicación que utilices y el tipo de contenido que publiques, los anunciantes te estudiarán a ti a través de tu audiencia. Por lo general, recurren a herramientas para detectar la naturaleza de la autoridad que ejerce un *influencer* sobre su comunidad. Te recomiendo repasar el segmento del primer capítulo en el que mencioné las herramientas para medir la influencia.

 Fiabilidad

Esta es la hora de la verdad, cuando se caen las máscaras en caso de que hayas cometido la insensatez de comprar seguidores e inflar artificialmente tu supuesta influencia. A los expertos en *marketing* no los podrás engañar. Son profesionales que estudian con detenimiento dónde invertir cada centavo, y que sabrán que, así cuentes con una abultada «legión» de fans, esa cifra no garantiza que ejerzas influencia. Para ello relacionan la cantidad de seguidores de un *influencer* con las interacciones que realizan estos seguidores, es decir, el *engagement.* Si no pasas esta prueba de fiabilidad, ya puedes irte despidiendo de tus sueños de representar marcas.

 **Relevancia**

Para los anunciantes no basta que el *influencer* sea fiable y coherente con su marca: sus contenidos deben generar acciones y repercutir. Es decir, el *influencer* a elegir tiene que ser relevante para que su presencia aumente el impacto de un evento o una campaña. Algunos sectores, como la moda o la tecnología, lo saben muy bien y cuentan con numerosos casos de éxitos de ventas motivados por una acertada prescripción a través de *influencers*.

 **Valor**

Eres quien mejor conoce a tu audiencia, así que no te limites a poner tu cara frente a una campaña. Aporta valor formando parte de la creación de la promoción, sé activo, ofrece ideas frescas y originales que enriquezcan la propuesta publicitaria inicial.

Y con ofrecer valor no me refiero solo a elaborar un mensaje efectivo para los objetivos de los patrocinadores, sino también para tus seguidores: el *marketing* de *influencers* solo funcionará si se trabaja con contenidos que no defrauden a tu audiencia y le sigan aportando calidad y también utilidad.

 **Profesionalismo**

Como en cualquier otro desempeño profesional, el compromiso y la responsabilidad deben ir de la mano de tu desempeño. La negligencia y la impuntualidad demuestran falta de profesionalismo y dinamitarán tu reputación ante los patrocinadores: no cumplir con el número de *post* prometidos en la relación contractual con la marca, olvidar mencionar el *hashtag* del producto o servicio, o llegar tarde a la animación de un evento, son algunos de los pecados que destruirán tu relación con la marca.

DE MÁNAGERS Y AGENCIAS

La pregunta que muchos aspirantes a *influencer* me hacen a diario es cómo acercarse a las marcas. Y mi respuesta es siempre la misma: una vez que tu reputación asciende, los propios patrocinadores tocarán a tu puerta para solicitar tus servicios como *influencer*. Pero hay maneras de apresurar este acercamiento.

Aunque muchos *bloggers*, *tuitstars* o *instagramer*s gestionan directamente sus canales y deciden las campañas a las que unirse, alcanzada cierta notoriedad lo usual es contratar a un manager o representante encargado de las contrataciones y el manejo de la agenda.

Para facilitar la relación entre los influyentes y las marcas ha surgido la figura de agencias intermediarias. Estas agencias trabajan de manera muy diferente entre unas y otras. Las hay desde aquellas que se enfocan a cierta temática, red social o caché del *influencer*.

También están aquellas agencias que solo establecen el contacto inicial y las bases de la relación mercantil entre influenciador y marca, hasta las que participan activamente en el diseño de las campañas y las tareas de seguimiento para medir la efectividad de las acciones publicitarias.

Aunque no es posible dar una fórmula exacta sobre cómo la agencia y el *influencer* se distribuyen entre sí los ingresos generados por las acciones publicitarias con la marca, por lo general el *influencer* toma el 70 %, y la agencia el 30 % restante.

¿CUÁNTO COBRAR?

Las pasmosas cifras sobre las ganancias devengadas por los *top influencers* hacen agua la boca a aquellos que pretenden entrar en este campo. Según la revista Forbes, un *influencer* con 7 millones o más suscriptores en YouTube podría cobrar en torno a los 300 000 dólares por un video vinculado a una marca, 180 000 dólares por un *post* en Facebook, y 150 000 dólares por una publicación en Instagram.

Por supuesto, hablamos de las celebridades instaladas en el Olimpo de las redes sociales. Para aquellos mortales con los pies en la tierra no hay un baremo ni una tabla de honorarios. Su tarifa dependerá de los siguientes factores:

El país desde donde operes

En Estados Unidos esta disciplina está más profesionalizada. De acuerdo a una encuesta de Marketing Profs, el 42 % de los *influencers* norteamericanos consultados cobraban entre 200 y 500 dólares por *post*, y el 37 % pide unos 200 dólares como promedio.

La plataforma utilizada

La revista The Economist publicó un artículo con una estimación de los ingresos medios que obtienen los *influencers* según la red donde actúen. Así, un *influencer* con entre 3 y 7 millones de seguidores puede cobrar, en promedio, 187 500 dólares por una acción en YouTube, 93 750 dólares para una publicación en Facebook y 75 000 dólares en el caso de una imagen en Instagram o Snapchat. Evidentemente, la elaboración de un video requiere mayor esfuerzo que publicar un tuit, lo que lleva a que YouTube sobresalga con los mejores honorarios.

Número de seguidores y *engagement*

El grado de interacción que los seguidores realicen con el contenido publicado por un *influencer*, es decir, el *engagement,* determina los honorarios a cobrar por este cuando se establece una relación comercial con una marca.

• Pero el *engagement* no solo involucra el número de «Me gusta», comentarios y contenidos compartidos que se puedan lograr, sino, y sobre todo, la generación de conversación continua con la marca. Ayudar a establecer esta relación provechosa eleva los beneficios económicos a recibir por un *influencer*.

El sector

Ámbitos como moda, tecnología, vinos, banca y seguros destacan entre los sectores más rentables.

• Tal como dijimos en páginas atrás, si ninguno de estos sectores te apasione, no intentes incursionar en ellos solo por obtener beneficios económicos. Nadie se creerá el cuento.

El presupuesto de la marca

No contará con el mismo presupuesto publicitario una empresa trasnacional, que una regional o el minimercado de la esquina. Además de la retribución económica, entre los beneficios por la promoción de una marca también suelen darse envío de productos, acceso a información o contenido exclusivo, descuentos, váucher para canjear por productos o servicios de la marca, invitación a eventos o viajes, y mayor visibilidad a partir de la colaboración comercial.

• Cada *influencer* es un caso particular y resulta imposible establecer un estándar tarifario. No obstante, en caso de no estar manejado por un representante o agencia con la capacidad de establecer una tarifa acorde a tu perfil, recomiendo explorar entre influenciadores que manejen una categoría similar a la tuya para establecer un marco referencial. Luego, define lo que tú consideres que vale tu trabajo.

• La meta comercial de un *influencer* no ha de ser manejar muchas marcas, sino alcanzar un caché que le permita elegir una cartera de clientes que le sea rentable. Manejar un gran número de marcas, aunque parezca tentador, puede generar efectos contraproducentes: ante los patrocinadores, su influencia se difumina entre las diversas marcas.

• También un contenido demasiado dirigido a la venta causa rechazo entre los seguidores, que empezarán a desconfiar de tu palabra al sentir que en todo momento quieres venderles algo, perdiendo así tu bien de mayor valor: la credibilidad.

• Cuando tu reputación haya crecido y los anunciantes comiencen a tocar a tu puerta para que promociones sus productos o servicios, será la hora de reevaluar tus tarifas y ser más selectivo.

NO TE TRAICIONES

Por mucho tiempo has recomendado a tu audiencia los beneficios de cierta marca de teléfonos celulares, pero un buen día te contacta la empresa rival y te ofrece un jugoso contrato para que promociones sus aparatos. Tentadora oferta, ¿verdad? Piénsalo dos veces. Cambiar de opinión por razones comerciales podría arruinar tu reputación.

• Los *influencers* deben publicitar los productos o servicios que han probado y los satisface. Nunca promociones aquellos que no cumplen con tus aspiraciones. En caso contrario, tus seguidores se darán cuenta de que la recomendación solo tiene un propósito económico sin sustento sobre tus verdaderos gustos.

- Tampoco permitas que tu relación con la marca cambie tu personalidad, tu manera de expresarte y tu libertad creativa. Mientras muchas compañías ofrecen a los *influencers* que contratan plena libertad para generar contenidos, hay otras que hasta «dictan» el guion de los contenidos patrocinados. De seguir un discurso pautado por la marca pero que resulta incoherente con la imagen que has venido proyectando, tu comunidad no te reconocerá y perderás la conexión con ella.

ATENTOS A LA LEY

Tras los escándalos protagonizados por la animadora Oprah Winfrey, quien entre los mensajes publicados en sus redes colaba recomendaciones pagadas por Microsoft, y Alicia Keys, generosa en comentar las ventajas de los BlackBerry sin advertir a sus seguidores que se trataba de anuncios promocionados, la Comisión Federal de Comercio (FTC) de Estados Unidos, que regula la publicidad en ese país, estableció en 2016 que las publicaciones promocionales en redes sociales debían llevar la etiqueta *#ad,* de *advertisement.*

Esta medida busca distinguir claramente los productos y servicios que de corazón les interesan a los *influencers* sin que medie algún beneficio monetario, de aquellos que promocionan porque les pagan las compañías. El *marketing* con influenciadores es una herramienta más de la publicidad y, por lo tanto, está regulado por normas jurídicas que varían de un país a otro.

- Soy un convencido de que los *influencers* deben cobrar por sus acciones promocionales. No tienes que pedir perdón ni avergonzarte por ello. Pero es necesario conocer cuáles son las regulaciones establecidas en el país donde operas para evitar inconvenientes legales. El Reino Unido ofrece varias restricciones, mientras que en España la publicidad encubierta está regulada por Ley General de Publicidad. Según las legislaciones de algunos países, la remuneración no monetaria, como son los «pagos en especie», conlleva obligaciones fiscales.

- Otro aspecto a manejar son las normativas que sobre el tema imponen internamente las redes sociales, Muchas de ellas hasta penalizan cerrando los perfiles que no declaren sus actividades comerciales. Aunque el usuario común y corriente no se toma la molestia de leer el contrato cuando abre un perfil en una red social, el *influencer* está obligado a hacerlo para no violar, por desconocimiento, las normativas.

- Las regulaciones de Twitter obligan a los seguidores a declarar cuando una publicación es compensada o patrocinada. Instagram, a su vez, anunció la creación de una advertencia que los *influencers* deben colocar en las fotos donde anuncien productos o servicios. Por su parte, YouTube pide en su política de anuncios que se le notifique si promocionas marcas dentro de tus videos.

- Tan importante como evitar problemas legales, es manejarte con trasparencia para conservar la credibilidad ante tus seguidores. Recordemos la imagen que Selena Gómez subió en junio de 2016 a su cuenta de Instagram, y en donde la artista aparecía bebiendo de una botella de Coca Cola. Pese a la aparición de la etiqueta #ad, en pocas horas la fotografía pasó a acumular 7 millones de *likes*, alcanzando en su momento el mayor número de reacciones en esta red. La publicación cumplió su cometido comercial, y la audiencia agradeció con tan abultada interacción que la artista fuera transparente.

EL CONTRATO

- La mejor práctica para evitar malos entendidos e incumplimientos es que la relación comercial entre *influencer* y la marca patrocinadora quede por escrito. En caso de contar con un manager o agencia intermediaria, estos son los responsables de convenir los detalles del contrato.

- La marca contratante es la que por lo general presenta el documento. Pero así se realice de manera informal, deben quedar claros ciertos aspectos para evitar reclamaciones posteriores. Aunque los detalles varíen en cada circunstancia, presta atención a las siguientes condiciones generales:

- El contrato debe definir con detalle el tipo de contenido a generar, la existencia o no de un guion, y si es obligatorio que se incluyan determinados elementos como mención expresa de la marca, *hashtags,* uso de ciertas frases, número de palabras y tiempo del video, entre otros.

- Número de piezas a publicar.

- Redes en las que se promocionará el mensaje publicitario.

- Periodicidad y duración de la campaña.

- Exclusividad o no con la marca.

- Propiedad del contenido, *copyright*, licencias y autorizaciones para el uso del contenido por terceras partes.

- Previsualización y aprobación del contenido.

- Los detalles del pago. Si se establecen formas de pago relacionadas con la obtención de metas de interacción a partir del contenido patrocinado, es necesario que el contrato especifique el sistema que se utilizará para medir las metas.

- Inclusión de las disposiciones generales en un contrato estándar, como cláusulas de buena fe o buena voluntad, así como de terminación anticipada en caso de que la marca o el *influencer* decidan abandonar la relación comercial antes de tiempo.

- Es bueno saber a cuáles instancias apelar cuando se incumple un contrato. Es competencia de las autoridades laborales o los juzgados y tribunales en caso de posibles demandas; así como autoridades de hacienda y la seguridad social por temas de incumplimiento de aspectos fiscales, seguros y retenciones.

- Para las cuestiones relacionadas con la acción publicitaria en sí o posibles actos de publicidad ilícita, su control dependerá de las leyes de cada país y correspondería a los juzgados y tribunales, también previa demanda. Y si se ven afectados los consumidores de la marca, las autoridades relacionadas con esta materia.

★ **MARCA** 3 opciones o más con las que a corto, mediano y largo plazo, podrías percibir dinero como influenciador:

- Como plataforma de avisos en Youtube _____
- Representante de marcas _____
- Venta de productos y servicios de tu área _____
- Consultorías _____
- Aplicaciones vinculadas con tu actividad _____
- Venta de *ebooks* _____
- Manuales o guías _____
- Cursos de formación, conferencias o *webinars* _____

★ **UTILIZA** el *hashtag* #ConstruyendoUnInfluencer y publica en Instagram una imagen con la marca de la que deseas ser representante o embajador:

★ **ENUMERA** 10 marcas que podrían interesarse en que promociones sus productos o servicios:

1) _____
2) _____
3) _____
4) _____
5) _____
6) _____

7) _____

8) _____

9) _____

10) _____

★ **DEFINE** 3 contenidos a desarrollar en las próximas semanas y que serían de interés comercial para algunas de las diez marcas mencionadas en el punto anterior:

1) _____

2) _____

3) _____

★ **PRACTICA** el siguiente «truco sucio», sumamente efectivo y muy utilizado en el día a día: pide a un amigo que se haga pasar por representante de una marca y contacte, ya sea telefónicamente o a través de las redes, a un *influencer* de tu misma categoría. La idea es conseguir información sobre honorarios, pautas de contrato y demás que te sirvan de referencia.

★ **AVERIGUA** las regulaciones que ofrece tu país sobre la publicidad en las redes sociales.

Evita los
PECADOS CAPITALES

Estrategias para no cometer los principales errores de un *influencer* y, en caso de incurrir en alguno de ellos, cómo superar la crisis.

MANEJO IRRESPONSABLE DE TEMAS

Son muchos los *influencers* que perdieron jugosos contratos y el respeto y la admiración de su audiencia por publicar contenidos inapropiados. Recordemos cuando la firma Nestlé acabó la relación comercial con el *youtuber* español JPelirrojo luego de que este divulgara unas polémicas opiniones sobre la muerte del torero Víctor Barrio, o el adiós contractual que dio Disney al afamado PewDiePie tras mostrar en sus vídeos referencias nazis, imágenes antisemitas, más el uso despectivo de los términos «gay» y «retrasado», entre otras lindezas.

También a diario vemos en las noticias cómo la reputación de numerosos *influencers* cae en el foso por publicar «bromas» como rociar con gas pimienta a un repartidor de pizzas, o aquel otro que dio de comer a un indigente galletas untadas con pasta dental. En páginas anteriores señalamos que la provocación es un gancho para generar contenidos que no dejen indiferente a tu público, pero muévete con cautela en estas aguas. Pasarse de la mano puede resultar un desastre.

Todas las redes tienen la potestad de eliminar aquel contenido ¡y hasta la propia cuenta! que ofenda o vulnere los derechos de terceros. Por su parte, las marcas se cuidan las espaldas para no ser arrastradas por los *influencers* que contratan cuando estos cometen escandalosas imprudencias, y en las contrataciones incorporan cláusulas donde se permiten acabar la relación comercial en caso de escandalosas metidas de pata.

Debes ser muy precavido y manejar con la sutileza de un cirujano temas especialmente delicados como:

- Incitación al odio.
- Homofobia.
- Xenofobia.
- Racismo.
- Información delicada relacionada con menores de edad.
- Contenido con violencia excesiva y autolesiones.
- Venta o promoción de drogas.
- Amenazas.
- Temas de salud pública.
- Personas con discapacidades físicas, mentales y psicológicas.
- Información privada de otras personas
- Catástrofes, fenómenos naturales y hechos de violencia que involucran muertes.
- Maltrato animal.
- Contenidos de carácter sexual.

No confundas la libertad de expresión con el irrespeto a los derechos, opiniones y condiciones físicas, económicas y mentales de tus semejantes. Siempre se puede expresar una opinión, pero sin dañar la sensibilidad o atacar minusvalías y otros aspectos personales. Piénsalo dos veces cuando decidas tratar temas sensibles y políticamente incorrectos, y analiza las implicaciones de lo que publicas.

Lo impopular no indica que estés equivocado

• Recomiendo analizar tu opinión para comprobar que se sustenta sobre argumentos sólidos y convincentes. De ser así, y aunque ese contenido no goce del apoyo general, mantén con firmeza tu parecer.

Pide disculpas

• Si consideras que te precipitaste y simplemente metiste la pata, recomiendo pedir disculpas. Te sorprenderá la receptividad con que reacciona la gente ante la rectificación de un error. A inicios de 2018, el *youtuber* Logan Paul, con más de 15 millones de suscriptores en su canal, debió disculparse por publicar un video de 15 minutos grabado en el bosque de Aokigahara, a los pies del monte Fuji, en Tokio, sitio célebre por servir de escenario donde frecuentemente se cometen suicidios.

En las imágenes, el *youtuber* mostraba el cuerpo de un suicida, mientras compartía bromas fuera de tono al estilo «¿Qué? ¿Nunca te has parado al lado de un tipo muerto? ». Tras recibir una lluvia de críticas por, según se comentó en las redes, irrespetar la memoria del sujeto fallecido, decidió retirar el video y pedir disculpas.

Cuidado con el licor

• ¡Aléjate de las redes cuando abras una botella de licor! Muchas de las imprudencias se cometen bajo los efectos del alcohol. El cineasta español Nacho Vigalondo perdió numerosos contratos y su obra fue desestimada por, tras beber unas copas de más, tuitear opiniones controversiales sobre el holocausto nazi. Un influenciador no puede cometer la insensatez de entrar a las redes dando tumbos sobre el teclado por efectos del alcohol.

Borra la publicación desafortunada

• Pero recuerda que en internet es imposible hacer desaparecer en su totalidad un mensaje y, de ser un notable *influencer*, ya muchos seguidores habrán tomado capturas de pantalla que te perseguirán hasta el resto de tus días. Se me viene a la mente el caso del futbolista español Sergio Guardiola, quien fue despedido por el FC Barcelona a pocas horas de ser contratado porque ¡años atrás! había tuiteado su desprecio por la institución blaugrana.

• No cierres tu perfil cuando veas que muchos te critican por haber cometido un error. Sería la peor decisión que podrías tomar. Deja que el tiempo haga su trabajo y, durante el proceso, aprende de tus equivocaciones y no te rindas luego de cometerlas. Acéptalas, afróntalas, supéralas y aprende de ellas.

• Pregúntate qué pudiste haber hecho de otra manera y cómo usar esa experiencia para no repetirla. Después de un fracaso o error, reflexiona sobre qué hacer diferente en la siguiente ocasión. Si no te tomas el tiempo para reflexionar sobre lo que pasó, volverás a chocar con la misma piedra.

PELEAR CON *HATERS* Y *TROLLS*

Así como piratear un libro o un disco parece ser la certificación delictiva del éxito alcanzado en las literatura o la música, la aparición de los *trolls* y su cara más violenta, los *haters,* son la agria cereza que corona el auge de un *influencer*. Si aspiras a triunfar en los medios sociales, prepárate para lidiar con esos individuos cuya principal distracción es ofender despiadada y sistemáticamente.

Todo *influencer* encontrará en su camino gente que le respeta y admira, pero también personas que buscan provocar mediante debates sin sentido, insultos y mensajes ofensivos. Pero, por muy insistente que sea en sus ataques, no hay *troll* capaz de derrumbar una reputación construida sobre bases firmes. Antes de aprender a combatirlos, detallemos las categorías en que las se agrupan estos alborotadores de oficio:

Los detallistas. A la espera de que cometas el más mínimo error para restregarlo, exagerarlo y sacarle todo el partido posible a tu desacierto.

Los cómicos. Aguardan cualquiera oportunidad para improvisar bromas sin sentido, consiguiendo desviar la atención del tema principal que se esté tratando.

Los *hackers.* Su fuerza se basa en hacer continuas amenazas de *hackeo* y suplantación de identidad.

Los ofensivos. Publican material ofensivo del tipo racista, machista y sexista, buscando una rápida y agresiva reacción del público para generar «ruido» en medio de la conversación.

Los «expertos». Se hacen pasar por especialistas en alguna materia sin tener ni idea de lo que hablan.

APRENDE A COMBATIRLOS

No existe un manual definitivo para acabar con el comportamiento de estos revoltosos. Tu reacción dependerá de cada caso, si se trata de un ataque individual o si es masivo. Aun así, te propongo la siguiente ruta de acciones para minimizar los ataques de esos sujetos hostiles que, lo quieras o no, serán una compañía permanente durante tu trayectoria como *influencer.*

Establece normas

• Si cuentas con un blog o una página de fans en Facebook, redacta unas normas de convivencia y acciones prohibidas como insultos, uso de groserías y ataques personales. Deja claro de antemano estas pautas a tu comunidad, lo que servirá para alertar a los críticos de oficio que serán expulsados si no siguen las reglas.

Por supuesto, el propósito de estas normas es establecer un ambiente armonioso y no censurar con antelación la libertad de opinión de tus fans o seguidores.

• Revisa la configuración de tu perfil y, si lo crees necesario, pon «Elevado» el filtro de groserías. En «Moderación de la página» coloca aquellas palabras que no te interesan que se publiquen entre los comentarios. Eso sí, nunca desactives la opción de participar en el área de Comentarios, decisión que te haría perder interacción con tus seguidores.

• En la configuración de Instagram ya puedes filtrar comentarios que incluyan palabras violentas o que amenacen tu reputación.

Identifícalo

• Asegúrate de que ese comentario expresado en términos pocos amables proviene de un *troll* o *hater,* y no de un usuario con una queja legítima sobre tus contenidos: tomar toda crítica como un ataque personal hará que tu reputación caiga en picado.

- Responde con argumentos las opiniones negativas pero justificadas. No atender las quejas de los seguidores es un mal manejo de la marca personal, y un usuario enfadado es una puerta abierta para que otros se hagan eco de su malestar. Por el contrario, un seguidor satisfecho *retuiteará* o pinchará «Me gusta» tu respuesta. La estrategia de esta maniobra es convertir al provocador en un aliado.

- En ocasiones varios usuarios comparten el mismo descontento. Ante la imposibilidad de contestarle individualmente a cada uno de ellos, responde a todos en un mismo comentario.

Mantén la calma

- No pierdas los estribos ni respondas con lo primero que se te cruce por la cabeza si un usuario te critica con tenacidad (los hay quienes, pese a que hables de jardinería, ¡reprochan tu corte de cabello o prestan más atención al color de tu corbata que a tus consejos sobre cómo cortar el césped!).

- Respira profundo, vete a tomar un café, haz lo que sea necesario para relajarte, pero no dejes que la antipática intervención de un extraño afecte tu respuesta. Eres un profesional y esta es la mejor ocasión para demostrarlo.

- Contáctalo de manera privada y pídele una explicación sobre su actitud. Sé correcto y contesta con tranquilidad, sin entrar en sus juegos. Se trata de darle una oportunidad. Quizá ese usuario ha tenido un mal día o, como ocurre en muchos casos, solo quiere llamar la atención. Bríndale un poco de interés. Existen muchas posibilidades de que ese feroz «enemigo» se convierta en un fiel aliado. Recuerda aquello que del amor al odio hay solo un paso.

Ser indiferente... ¿o no?

• Si falla la maniobra anterior y persiste con sus comentarios ofensivos, no le des más importancia de la necesaria. Como dice el útil consejo digital, *don't feed the troll*. Agotados los mecanismos de negociación, la indiferencia hará que muera de inanición y migre a otro sitio donde le presten interés.

• No obstante, muchos influencers han tomado el camino totalmente opuesto y hasta elaborado atractivos contenidos a partir de las agresiones de sus *haters* y *trolls*. Muestra de ello fue el Roast Yourself Challenge, reto con el que *youtubers* de todo el mundo transformaron las burlas y críticas que recibían por su actividad en las redes, en insumo para componer canciones tanto de modesta como de extraordinaria factura.

Así, a inicios de 2018 el *youtuber* venezolano La Divaza rompió el récord de vistas con esta modalidad que, en vez de ignorar los ataques del agresor, los utilizó para destacar con un material original y seductor! Por supuesto, esta posibilidad ha de seguirse según la personalidad de cada *influencer*, pero, en todo caso, siempre es bueno recordar que el humor es una excelente herramienta.

Bloquea y denuncia

• Cuando los comentarios son abiertamente ofensivos, bloquea a tan incendiario personaje. Aunque este tipo de usuarios suele usar manejar varias identidades y no hay garantías de que no ingrese con otro nombre de perfil para continuar con sus fechorías.

● Finalmente, y si la situación se sale de control, denúncialo en la propia plataforma. La mayoría de las redes tiene mecanismos para recibir y procesar estos reclamos.

ROBAR CONTENIDOS

«¡¿Por qué no se me ocurrió a mí?!» es la reacción de muchos cuando se encuentran con una idea original. Las buenas ocurrencias despiertan una sana envidia por no haberlas pensado antes. El peligro está en querer hacer pasar luego esa genialidad como propia.

El plagio es el robo de la creación ajena y el uso del trabajo, las ideas o las palabras de otra persona como si fueran propias, sin acreditar de manera explícita de dónde provino la información. Comprende uno de los peores desaciertos que puedes cometer como *influencer*. De incurrir en esta práctica, su descubrimiento acarrará la pérdida de credibilidad, además de posibles repercusiones legales y monetarias por infringir los derechos de autor.

● Si compartes contenidos ajenos, respeta la atribución o autoría y, de ser necesario, solicita la autorización al autor. Existe la creencia errónea de que todo lo que se halla en las redes sociales y, por extensión, en Internet, es de libre uso. Nada más alejado de la verdad. Encontrar material en la red no significa que lo puedes usar indiscriminadamente y sin autorización.

● Conoce las condiciones que cada red social establece sobre los usos y las responsabilidades de los contenidos. En el caso de Twitter, el sujeto cuyo tuit fue plagiado puede presentar una queja formal a través de su sistema oficial de denuncias, luego de lo cual Twitter ofrece durante un período de 10 días el derecho a réplica al responsable de la cuenta reportada. Posteriormente, y de no darse una respuesta, la compañía sustituye el mensaje por el siguiente texto: «Este tuit de @[nombre del usuario] ha sido borrado en respuesta a un reporte del autor del contenido». ¡Nada peor para minar tu reputación!

- Investiga a fondo sobre los derechos de cada contenido antes de utilizarlos. Cada país cuenta con legislación propia sobre los derechos de autor. No obstante, pocas veces se aclara en qué márgenes de la legalidad están sujetos estos derechos en las redes sociales.

- Además de no violar contenidos regulados, nunca envíes comunicaciones comerciales electrónicas sin autorización del destinatario, cumple con las normas sobre protección de datos, y cuenta con el consentimiento escrito de las personas que grabes en tus videos y audios.

QUEDARTE EN TU ZONA DE CONFORT

- Tendrás que ensanchar tu área de comodidad y adaptarte a nuevas vivencias si deseas encontrar tu camino digital. Deberás replantear lo que has hecho por muchos años. Quizá hasta cambiar tu rumbo profesional para descubrir un nuevo rumbo y hallar un perfil que te haga destacar. Ahora la gran pregunta que se hacen muchos: si gran parte de mi vida la he dedicado a cierta disciplina o especialidad… ¿qué hago ahora?

- Como buenas consejeras, tus pasiones responderán esa pregunta. Conoce y explota aquello que te muestre tal cual y que te encienda el ánimo. Todos tenemos habilidades y destrezas que permanecen dormidas, esperando una oportunidad para manifestarse.

- ¿Siempre te ha apasionado la cocina? ¡No temas darle un giro a tu vocación y muéstrales a tus seguidores que eres tan bueno ante el fogón como sobre los escenarios! ¿Te preocupan profundamente las terribles condiciones en que viven las mascotas en situación de calle? Conviértete en un líder de la causa animal. Experimenta con estilos de baile que nunca asociarías con tu manera de ser. Involúcrate en proyectos creativos que te fuercen a pensar de manera diferente. Experimenta contextos desafiantes.

- Observa las carencias y los deseos de la gente, qué es lo que quiere escuchar, ver y oír, y presenta contenidos que satisfagan esas necesidades. Y recuerda que lo que le ha funcionado a otros famosos para lograr con éxito su transición a los medios electrónicos, no tiene por qué funcionar contigo. La estrategia es hallar ese atributo que te hace único y hacerlo brillar en las redes.

CREER QUE ES RADIO, CINE O TV

La principal equivocación que cometen muchos aspirantes a *influencers* es no reconocer que se trata de un nuevo medio con códigos diferentes. Aquí no se aplican los métodos de los medios convencionales. Un video de YouTube no es un programa de televisión. Un *podcast* no es un programa de radio.

Cuando se comete un error durante el proceso de grabación, el director o el personal técnico del programa de televisión detiene el proceso para comenzar de nuevo y que la escena quede impecable. ¡Nada que ver con las redes sociales! Estos son medios absolutamente distintos, y muchos de los trucos que los famosos de los medios tradicionales aplican para desenvolverse con gracia en un estudio de grabación, en las redes sociales pasan a ser «malos hábitos».

- ¿Se te cayó el cucharón al piso al momento de preparar una receta durante la grabación? ¿Te entró al ojo una pestaña postiza cuando grababas un material para tu perfil en Instagram? Ríete del incidente y no lo edites, compártelo tal cual con tus seguidores.

- Si te trabas un poco en tus palabras o dices algo que no es muy gracioso, tus espectadores se sentirán más identificados contigo. Los incidentes te hacen ver que, al igual que quien te observa desde la pantalla de su aparato, también eres una persona de carne y hueso, con fallas de las que eres capaz de reírte.

- La gente no busca en las redes sociales a estrellas intachables. Busca identificarse. Pero sé de personalidades que al momento de grabar un video para las redes, llegan acompañadas de dos maquilladoras, un estilista, tres cámaras, un jefe de producción ¡y hasta alquilan un set con grúa y *teleprompter*! Imperdonable error. Por supuesto que hay que cuidar los detalles y presentar una imagen profesional, pero cuando tratas de imitar en las redes sociales los mismos códigos de la televisión, en ese momento abandonas el camino para llegar a ser un *influencer*.

- La naturalidad es una de las grandes diferencias con los medios tradicionales. Las posturas inmaculadas no aplican en las redes sociales, donde, indistintamente del campo donde te desenvuelvas, la espontaneidad es una de las monedas con mayor valor y que la audiencia mejor aprecia.

• Los actores y actrices están obligados a prestar su piel para interpretar personajes casi siempre ajenos a su esencia. Memorizan libretos y ensayan los gestos de personajes nacidos de la imaginación de un guionista. Es decir, su verdadero yo queda oculto. En las redes sociales no hay margen para este ocultamiento. Acá el personaje protagonista eres tú, con tu nombre y apellido, con tus fallas y virtudes.

• Si bien es cierto que muchos *influencers*, sobre todo del área de la comedia, interpretan roles en sus *sketches*, el principal filón a explotar es mostrarse sin dobleces. Aquí tú eres tu personaje, sin máscaras. Como dijimos en las primeras páginas de este libro, ¡sé tú mismo!

 # NO PROTEGER TU OBRA

Los contenidos de calidad son un botín apetitoso que muchos querrán reproducir en sus webs y redes sociales. Para que nadie sin la debida autorización le saque provecho de tu trabajo, protege tus creación con las siguientes precauciones:

• Si tienes una idea para un video en YouTube, tendrás que grabarla o escribirla para protegerla con derechos de autor. Si consideras que tu obra fue utilizada sin tu autorización, envía una notificación a la plataforma por incumplimiento de estos derechos.

• Facebook deja claro en sus normas que cualquier idea, expresión, eslogan o frase corta no están protegidos. Además, advierte a los usuarios en las condiciones de servicio que todo aquel contenido compartido y publicado en la red social queda sujeto a una cesión no exclusiva.

• Google + se muestra menos permisivo a la hora de publicar contenido sujeto a derechos de autor. En su centro de soporte cuenta con una sección en la que se aclara qué tipo de contenido se puede publicar, y en qué casos está sujeto a esta materia, ya sea por distribución de contenido duplicado, *software* o herramienta con derechos registrados. Las redes sociales se reservan el derecho de modificar sus condiciones de uso en cualquier momento.

• Las licencias Creative Commons son mecanismos legales que permiten a los autores de documentos, vídeos, imágenes, música, entre otros, compartir sus contenidos. Así, en lugar de tener «Todos los derechos reservados», los contenidos pasan a tener «Algunos derechos reservados», lo cual abre la posibilidad para que los usuarios usen el contenido acogiéndose a los términos especificados en la licencia. Así, el autor decide qué posibilidades de uso tendrán las personas interesadas en su obra.

 # MENTIR O NO CONFIRMAR

Al octavo mandamiento bíblico «No mentirás» agrégale la norma digital «ni divulgarás información no corroborada». Para algunos es una tentación mentir en sus contenidos para encandilar al público. Las consecuencias son catastróficas y muchos *influencers* han visto destruida su reputación por publicar de espaldas a la verdad.

También puede ocurrir que, por desconocimiento o simple pereza, divulguemos sin querer información falsa. En medio de la marea emocional que produce un hecho impactante, es fácil dejarse llevar y, sin pensarlo mucho, lanzarse sobre el teclado para opinar sobre informaciones sin piso en la realidad.

No hay lugar para verdades a medias

• Un engaño — intencional o no— puede liquidar su reputación. Ahora, ¿qué hacer para evitar que tu credibilidad ruede por la alfombra por reproducir una información inexacta?

Verifica si la fuente es confiable

• Precisa qué persona u organización divulga la información ¿Se trata de una fuente creíble, o un autor anónimo que no pierde nada publicando una noticia falsa? En uno u otro caso, jamás compartas u opines sobre una noticia sin antes verificar la fuente de dónde provino. Tampoco retuitees tuits sin haber leído los enlaces embebidos. Criticar o discutir sobre temas sin total conocimiento de los detalles hará que te veas como un ignorante y no como el especialista que deseas ser.

Compara fuentes

• No te quedes con una sola fuente confiable porque ella también puede estar equivocada, manejar ciertos intereses o haber sido *hackeada*, como ha ocurrido más de una vez con agencias informativas de renombre. Compara tres o cuatro fuentes confiables para cerciorarte de que es real la información sobre la que opinarás.

# UN EGO DESBORDADO

Seamos sinceros: para triunfar en las redes sociales necesitas de un toque de narcisismo mezclado con cierto exhibicionismo. Los tímidos y presas del miedo escénico tienen poco futuro en estos medios. Pero pasarse de la raya traerá consecuencias contraproducentes. Así que no te vuelvas egoísta ni engreído cuando alcances la fama. Recordemos la acertada frase del *coach* y conferencista internacional John Boldoni: «No pasa nada si la gente piensa que eres Dios. El problema viene cuando empiezas a creértelo».

- El exagerado cuidado de la reputación inmoviliza. Es la peor desgracia para una personalidad: si no haces nada, el público tampoco pensará nada, ni bueno ni malo, de ti. Absolutamente nada.

- Otra expresión del ego es mirar con prejuicio a los nativos digitales. Solo necesitaron un blog, una cámara o un *smartphone*, un perfil en Twitter o un canal en YouTube. Pero no olvides que ese joven o aquella chica que semanalmente ofrece sus consejos y experiencias desde su apartamento o la peinadora de su habitación, estremecen las redes de manera más abrumadora que muchos artistas provenientes del canto o la actuación.

- Nunca irrespetes a tu audiencia. No está allí ni te sigue para ser humillada. Tus fans y seguidores son los que te llevaron hasta donde estás. Si antes un fan llegaba al borde de tu mesa en un restaurante para solicitar un autógrafo, ahora esa masa de admiradores llega hasta a tu «casa» mediante el dispositivo electrónico. Ese es el nuevo precio de la fama que, bien aprovechado, te ayudará establecer lazos muy fuertes con tu comunidad.

• No lo sabes todo, así que pregunta y pide recomendaciones a referentes o a otros usuarios sobre temas nuevos para ti. Si recibes críticas constructivas, asegúrate de aprovecharlas al máximo. No seas tan orgulloso como para pensar que no necesitas mejorar.

• Responde a rápido cuando los comentarios a tus contenidos. Si te preguntan algo, contesta siempre. Utiliza herramientas que te ayuden a detectar a tus seguidores más activos, y agradece su labor a estos embajadores de tu marca digital.

• Recompensa a tus seguidores con invitaciones a eventos, descuentos o sorteos de productos, para fidelizar y mantener activa a tu audiencia.

• Muéstrate humilde no solo ante tus seguidores sino también ante los aspirantes a *influencers* que luchan por abrirse camino. Muchos rechazan oportunidades de colaboración porque consideran que quienes las solicitan no tienen la reputación necesaria.

• Si por alguna razón has de rechazar una oportunidad de colaboración, excúsate amablemente. La popularidad en las redes puede ser tan repentina como pasajera: aquellos que hoy miras por sobre el hombro, quizá a la vuelta de unas pocas semanas podrían ser destacados influenciadores que te convendría tener como aliados.

LA CULTURA GENERAL NO MATA

Ver cómo se equivoca un famoso desata ese diablillo que todos llevamos dentro. Sobran los ejemplos de célebres torpezas e inexactitudes, como la del futbolista español Sergio Ramos cuando animó a las jugadoras de waterpolo de la selección española para que ganaran un partido que se había celebrado ¡20 días antes! O la oportunidad en que el expresidente mexicano Vicente Fox felicitó a Mario Vargas Llosa por haberse sumado a Octavio Paz y Jorge Luis Borges entre los escritores hispanos ganadores de un premio Nobel. Borges nunca lo recibió.

• No opines de lo que no sabes. Los usuarios de las redes sociales permanecen atentos a los errores de los famosos para abalanzarse y gozar un mundo durante el descuartizamiento.

• Mantente actualizado de las noticias del día a día antes emitir tu parecer sobre ellas. Convertirte en el hazmerreír del momento es uno de los mayores riesgos que se corren cuando se quiere sentar posición sobre temas fuera de tu dominio.

 # CONVERTIRTE EN *SPAM*

Ya señalamos que la falta de constancia es uno de los mayores errores por el que muchos, pese a un estupendo arranque, fracasan a mitad de camino. No obstante, los extremos son malos e irse a la orilla opuesta, la publicación indiscriminada, es contraproducente.

• No publiques demasiado en el intento por querer decir todo sobre todo. Esta es la principal equivocación cometida por quienes quieren hacerse famosos de la noche a la mañana.

• Trata de que tus seguidores no se fastidien de ti. Está bien publicar qué comida desayunaste o poner en

Instagram las imágenes sobre tu paseo mañanero en el parque en compañía de tu perro. Pero minutos después publicar la foto de cuando te subiste al carro para ir al automercado; luego, mientras esperabas en un semáforo a que cambiara la luz a verde; al poco rato, la imagen cuando llegaste a la tienda; un par de minutos después, un selfi frente al espejo del ascensor… ¡no seas tan ególatra como para creer que tus seguidores quieren estar al tanto de todos y cada uno de tus pasos!

• Quienes te admiran quieren saber de ti, pero se cansarán si les entregas todo sin dejarle nada a la imaginación. Procura no publicar demasiado y evita el material innecesario para no convertirte en *spam*.

NO VERIFICAR TU CUENTA

Los influenciadores son presa de los *hackers*, imitadores y suplantadores de identidad. Si bien muchos seguidores notan la diferencia, existen algunos perfiles tan bien hechos que cuesta determinar si son falsos o no. Afortunadamente, las redes sociales establecen mecanismos para identificar las cuentas legítimas de las que no lo son.

• Twitter verifica las cuentas dentro de la música, la actuación, el gobierno y la política, la religión, el periodismo y los medios de comunicación, el deporte, los negocios y la moda, a los que añade una marca de verificación de color azul junto al nombre del perfil de la persona o empresa. Verificar tu cuenta en esta red es muy sencillo. Te pedirán enlaces a sitios que comprueben tu identidad, más cierta documentación personal. El lapso para recibir la confirmación o negación es de 7 a 15 días.

• A su vez, Facebook ofrece la verificación de cuentas a famosos y personajes públicos, marcas, negocios internacionales y, en ocasiones, a medios de comunicación. Debido a que las páginas verificadas tienen mayor actividad que las no verificadas, seguir este paso en tu página de fans de Facebook te permite obtener más seguidores y ganar mayor confianza entre tus seguidores.

• Esta verificación no se obtiene por el número de «Me gusta» o de publicaciones, ni por el tipo de contenido que se publique, sino que es asunto de criterio de Facebook. Debes ingresar a la configuración de tu cuenta y posterior a ello dar clic en *Verificación de cuenta* para continuar con el procedimiento que la misma página te explicará.

NO EVOLUCIONAR

No pienses que estar de moda te dará utilidades para toda la vida: solo los *influencers* que evolucionan siguen vigentes. Quienes lleven tiempo en las redes deben reinventarse y crear estilos y novedades para que sus seguidores no se cansen de un material que, en el fondo, casi siempre es el mismo. Revisa las siguientes razones por las que repensar tu estrategia y coger nuevos impulsos:

• Una competencia cada vez más feroz hace que haya de todo y mucho.

• El público es más exigente cada día.

• El cansancio y la crisis creativa tras mucho tiempo subiendo material con una periodicidad constante.

• Las limitaciones que a veces imponen las marcas, lo que te puede hacer perder mucha de la frescura.

- Como personas cambiamos en ciertos aspectos a medida que avanzamos en la vida. La marca personal debe seguir ese mismo ritmo. Tu desarrollo vivencial debe quedar plasmado en tus contenidos.

- Si te aburre lo que haces, también aburrirás a tu audiencia. Esa es la mayor prueba de agotamiento de todo *influencer*. Si crees haber llegado a este punto, tómate un descanso para reflexionar y regresa con nuevos bríos.

- No te conformes con seguir aplicando las fórmulas exitosas en el pasado. Relaciónate con personas diferentes e incursiona en territorios desconocidos. Inventa e investiga qué puedes hacer para seguir viviendo de lo que te gusta. Aprende otras técnicas, maneras de expresión y formatos innovadores que refresquen tus contenidos.

- Cuidado con los cambios bruscos. La idea no es que hoy seas cómico y mañana sorprendas radicalmente a tu audiencia mostrándote como motivador, líder político o un gurú de la tecnología. Si te cambias repentinamente de nicho podrías perder lo que has ganado hasta ahora.

- Si deseas incursionar en otro ámbito que te apasione pero en el que tu audiencia no te ubique de buenas a primeras, plantéalo gradualmente y evalúa cómo reacciona tu público ante el cambio.

 # DESISTIR

Quisiera cerrar este capítulo con un punto que debió ser el primero entre los errores que cometen los aspirantes a *influencers*: desistir.

Con ilusión, abriste tu cuenta en una red social

para postear contenidos de calidad. Pasan los días. Tus amigos empezaron a seguirte, así como tus familiares y compañeros de estudio más cercanos. Al cabo de algunas semanas, la suma de seguidores se estanca o apenas uno que otro comienza a seguirte como esas gotas que caen lentamente de un grifo mal cerrado. Te desanimas y abandonas tu propósito de convertirte en una estrella de las redes sociales. Esta es la vivencia de muchos aspirantes a *influencers* que puedes enfrentar a partir de las prácticas siguientes:

- **Date tiempo**

No obtener resultados a corto plazo puede hacer que cambies de estrategia sin ofrecerle otra oportunidad para que rinda beneficios. Hay casos en los que la fama crece como la espuma, pero no es lo habitual.

Si fuese fácil establecer una marca personal, todo el mundo tendría una. La influencia digital no surge y se desarrolla de un día para otro, se trata de una carrera de largo aliento. De un año y medio a dos es el lapso promedio para levantar las bases.

- **Sé realista**

La ausencia de compensación inmediata es la principal causa de que los aspirantes a *influencers* abandonen sus sueños en menos de un año. Como vivimos en un mundo que persigue la gratificación inmediata, es difícil enfrentar las metas que toman tiempo y esfuerzo. Ignoramos el momento en que esta actividad comenzará a ser rentable, así que no renuncies hoy mismo a tu trabajo para incursionar como *influencer*.

- Si sientes que no despiertas el interés, replantea tu estrategia, metas y *target* al que te diriges. Pero no desistas. Te aseguro que las noches sin dormir que inviertes para alcanzar lo que tanto anhelas, darán sus frutos si persistes. Acompáñate del principal aliado con el que cuenta un *influencer* y, en fin, todo aquel que se empeñe en alcanzar sus sueños: la constancia.

Influencia en
RESUMEN

Un breve y rotundo repaso a los puntos que debes practicar para sobresalir en las redes sociales.

La acelerada vida del mundo de hoy hace que siempre andemos apurados y cortos de tiempo. Para enfrentar la demandante rutina diaria, resumo en las siguientes páginas los aspectos importantes que debes tener en cuenta para alcanzar tus sueños en las plataformas sociales digitales.

En la presentación apunté que el propósito de este libro es poner en tus manos las herramientas para llegar a ser un *influencer*. Ahora te toca a ti actuar, echar a andar todos esos conocimientos para hacer brillar tu marca personal. Con empeño, te aseguro que verás los frutos de esta fascinante aventura.

Pero recuerda: esta es una tarea que nunca termina. Cada día surgen novedades. En este nuevo oficio que es ser un *influencer* no todo puede ser dicho. Cada día cambian las reglas del juego y, más allá de las recomendaciones extraídas de mi experiencia personal, sin duda tú emprenderás acciones a tu medida para llegar a ser parte del universo digital donde hoy brillan las estrellas de este milenio. Me sentiré satisfecho de haberte ayudado a alcanzar ese propósito.

QUÉ ES UN INFLUENCER

El *influencer* es una persona con reputación dentro de determinada red social y que al expresar una opinión o compartir una idea o conocimiento en su comunidad digital, genera reacciones y mueve a la acción a sus seguidores.

¿Qué lo diferencia del usuario convencional?

- Conoce sus habilidades y conocimientos.

- Ejerce su ocupación y su pasión.

- Ofrece contenido de valor.

- Mueve a la acción.

¿Cómo se mide la influencia?

La capacidad o poder de un *influencer* no se mide por el número de sus seguidores, sino por la interacción y el poder de convencimiento que ejerza entre los miembros de su comunidad. Hay varias herramientas para calcular estas variables.

MARCA PERSONAL

La marca personal es la huella que dejamos en los demás, es decir, es la combinación de tu personalidad, habilidades, aptitudes, pasiones, expectativas, conocimientos y experiencias. Tu marca personal es tu esencia vista por la mirada de los otros. Y ser *influencer* no es más que crear, desarrollar, rentabilizar y mantener en las redes sociales la propia marca personal.

Apasionado

• La pasión ha de ser la guía que marque tu camino. Cuando baje la motivación, si no llegan los resultados esperados o te tienta la idea de tirar la toalla, la pasión es lo que te empujará a seguir.

Sé tú mismo

• Ser tú mismo es ser natural. No te muestres como una persona engolada, tiesa, forzada o ensayada. La pose es veneno para las redes sociales. Independientemente de que seas humorista o un experto en moda, se tú mismo, con tus virtudes y defectos.

Cuida la coherencia

• Este aspecto está relacionado con la armonía

entre los diferentes elementos que conforman tu marca personal, desde la elección del nombre hasta la identidad gráfica que reflejará tu personalidad.

Cuida tu reputación

- La reputación es el mayor capital de todo *influencer*. Ser visto como un especialista en su área es vital para lograr el estado de influencia.

Enfocado pero diverso

- Los llamados «sabelotodo» pasaron de moda. Que un día hables de moda y a la mañana siguiente publiques consejos de jardinería, desorientará a tus seguidores, quienes se mostrarán recelosos ante las publicaciones de un *influencer* que pretende saberlo todo de todo.

Accesible y cercano

- Exprésate bien y utiliza un tono y un lenguaje que coincidan con el de tu comunidad. Una forma de demostrar ser un auténtico conocedor consiste en dominar un lenguaje al alcance de todos, ser claro, conciso y concreto.

Busca la originalidad

- Practica maneras creativas de exponer contenidos y marcar la diferencia. Lo genérico no vende ni engancha. La originalidad te hará destacar en los entornos digitales saturados de contenidos.

Estudia a tus iguales

- Sigue a los referentes de tu sector. Ellos han conseguido hacerse ese espacio al que tú aspiras compartir u ocupar, así que mantente al tanto de qué hacen y cómo lo hacen. El objetivo no es imitarlos, sino que sirvan de referencia de lo que ya se ha hecho.

Mantén la constancia

• La falta de constancia y periodicidad es uno de los principales errores que comete un potencial *influencer*, y por el que muchos, pese a un estupendo arranque, fracasan a medio camino.

TÚ ERES TU CONTENIDO

• Debes plasmar en tus publicaciones las características de tu marca personal. El contenido es lo que finalmente definirá tu personalidad y tu éxito. Tú eres el contenido que publicas.

• Identifica necesidades y deseos de tu audiencia.

• ¿Qué buscan tus seguidores? Soluciones. Ellos deben sentir que tú eres la persona indicada para darles, mediante contenidos que respondan a sus necesidades y deseos, las soluciones que buscan.

El formato ideal

Cada formato, ya sea texto, imagen o video, tiene sus virtudes y limitaciones. En todo caso, no son alternativas excluyentes, al contrario, pueden interactuar e enriquecerse entre sí.

• Elige los formatos más convenientes para comunicarte de manera eficaz e impactante. Esta decisión dependerá de:

- Tu perfil como *influencer.*

- Las habilidades técnicas que manejes.

- La red en la que publiques.

- La complejidad que exija la elaboración de uno u otro material.

Mantente informado

- Si esperas ser visto como un *influencer*, mantente al tanto de las últimas noticias, lo que te ayudará a formarte tus propias ideas en lugar de repetir las opiniones y novedades que otros ofrezcan.

Cuenta historias

- La audiencia quiere escuchar historias, identificar-se con experiencias. El término *storytelling* ha ganado resonancia durante los últimos años en el mundo del *marketing*, pero también es un recurso narrativo para contar historias que conecten emocionalmente con la audiencia. La idea es narrar anécdotas y situaciones auténticas, diferentes y que despierten interés y empatía.

«Aparentar», clave de la viralidad

- La gente comparte los contenidos que mejoran su imagen ante sus propios seguidores. Es decir, la audiencia divulga con mayor frecuencia las publicaciones que los hace parecer listos, bondadosos, graciosos e informados.

Los límites geográficos

- ¿Está el *influencer* determinado por el espacio geográfico donde reside? La respuesta depende de tu perfil en combinación con los intereses de tu comunidad.

Estas dos variables brindan una nueva clasificación a considerar: el *influencer* universal y el *influencer* local.

Coopera

• Establecer alianzas con otros *influencers* beneficia a ambos mediante el intercambio orgánico de seguidores: si a cada uno de los *influencers* que colaboran en una misma publicación lo distingue una personalidad propia, el público notará sus diferencias y los seguirán individualmente. También es una estrategia ideal para crear contenidos que hubiesen sido imposibles de crear de manera separada.

¿Cuándo publicar?

• Hora: 9 a. m y 5 p. m. En todo caso, acostúmbrate a cruzar las métricas que cada red social ofrece sobre el comportamiento de tus seguidores para elegir tu mejor hora para publicar.

Cronograma de publicación

• Fijar un cronograma de publicación es importante para ganar disciplina y que no pase mucho tiempo sin que tus seguidores sepan de ti. Con esta práctica los acostumbrarás a que esperen tu nuevo contenido en una fecha regular. Determina los días y las horas de tus publicaciones. Esto variará según la red, el tipo de contenido, los hábitos que demuestren los miembros de tu comunidad y si esta es local o universal.

Cita las fuentes

• Si publicas contenidos que no hayas creado tú, ya sean textos, fotografías, audios, infografías o videos, da los créditos del autor para evitar infringir los derechos intelectuales de otra persona.

UN ESTILO PARA CADA RED

Cada red social posee características que la diferencian de otras tanto por cómo los usuarios acceden a los mensajes, los formatos utilizados, el tipo de público que agrupa, y el tipo de interacción que se genera entre sus miembros. De ahí la importancia de entender la naturaleza de cada una de ellas para elegir con tino dónde enfocar tus esfuerzos como *influencer*.

¿Cuál elegir?

• Abrir cuentas en varias redes para luego abandonarlas a la buena de Dios es uno de los principales errores. En cambio, recomiendo la elección de una o dos redes primarias, y participar en otras para apuntalar la influencia ejercida en esas redes primarias.

PROMOCIONA TU CONTENIDO

Ser el mejor generador de contenidos dentro de tu área no sirve de gran cosa si no logras llegar a tu público objetivo. Procura que tu marca personal resalte entre la feroz competencia de perfiles y contenidos. Cuanto más destaques y te posiciones, mayores serán tus posibilidades de ser exitoso.

Seguidores, tus mejores promotores

• Tus seguidores son los mejores promotores de tu contenido. No te conformes con ser un simple generador de contenidos. Tras la publicación de tus materiales, forma parte activa de este nuevo modelo de comunicación y responde, contesta dudas, demuestra interés por tu audiencia y agradece cuando te sigan.

Llama a la acción

• El principal propósito de todo *influencer* es mover a la acción a los miembros de su comunidad. Los llamados a la acción o CTA (*Call to Action*), que no son más que las frases o elementos gráficos que invitan a tus seguidores a tomar una acción determinada. Debes tener claro qué quieres conseguir, ya sea tráfico a tu sitio web, mayor interacción o que compartan la publicación, que te hagan comentarios o que te recomienden. A partir de esa claridad en el objetivo que persigues, diseña los llamados a la acción y elige las palabras que resulten efectivas.

Organiza concursos

• Los concursos son muy eficaces para difundir tu material y llegar a un público más amplio que, a la larga, se interese genuinamente por lo que publicas.

Contenido promocionado

Con el contenido promocionado llegarás a un público que te desconoce y que, de ser seducido por tu contenido, pasará a formar parte de tu audiencia orgánica. Antes de poner manos a la obra, establece la meta que desees lograr con el contenido patrocinado.

Esta meta debe estar alineada con el objetivo general que te trazaste al momento de definir tu marca personal. Algunas metas son:

• Ganar seguidores.

• Lograr mayor número de impresiones.

• Más visitas a tu web.

• Aumentar tu visibilidad.

• Promocionar tu participación en eventos, *webinar,* o un producto o servicio.

• Lograr mayor *engagement*.

Segmentación

Si deseas que tu acción publicitaria logre sus frutos, la primera regla a seguir es segmentar el público al que destinarás tu mensaje patrocinado. La idea no es que tu contenido promocionado sea visto por la mayor cantidad de personas, sino por el público específico que forma parte de tu comunidad de intereses. Los principales criterios para segmentar son edad, sexo, algún interés en particular, ubicación geográfica e idioma utilizado.

Vida fuera de la red

Busca los puntos de coincidencia entre tu mundo digital y tu vida fuera de línea. *Desvirtualízate* y participa en eventos presenciales para establecer relaciones de provecho tanto para la creación de contenidos originales como para ganar audiencia orgánica. Retoma contactos anteriores, organiza eventos propios y asiste a ferias, congresos o seminarios del sector, donde ser visto y, al mismo tiempo, conocer a los profesionales más relevantes de ese ámbito.

RENTABILIZA TU REPUTACIÓN

Tras consolidar tu marca personal en las redes sociales, es lógico querer disfrutar de los frutos monetarios. Obtener beneficios económicos como se logra luego de cultivar tu credibilidad, y aunque durante tus primeras etapas en este largo camino quizá las marcas no te contacten para promocionar sus productos y servicios, la reputación es un valor que, ya sea a mediano o largo plazo, rendirá beneficios.

Primeras opciones

- Poner en venta tus productos y servicios a través de tu web, desde *ebooks*, manuales, guías, hasta artículos relacionados con el sector en el que te desempeñas, ya sean de estética, moda o decoración, por ejemplo.

- Mediante Google Adsense, comerciar contenidos de pago y *banners* de publicidad en tu blog o página web.

- Ofrecer cursos, conferencias y *webinars*.

- Cobrar por consultorías.

- Lanzamiento de aplicaciones.

- Conseguir un empleo más satisfactorio.

Ganancias como *youtuber*

- A diferencia del resto de redes sociales, YouTube retribuye directamente a los usuarios por emplear sus canales como plataforma publicitaria. ¿Cuánto gana un *youtuber* por poner anuncios en sus videos? Imposible dar una tarifa exacta. Los honorarios varían según numerosos factores. Entre ellos, el principal es el país de origen del contenido.

La nueva cara de las marcas

- Varias razones llevan a que el *influencer* destaque hoy como el más efectivo prescriptor de marcas: cuenta con seguidores propios que lo ven como un personaje cercano y con poder de convencimiento. Las empresas están claras en esto. Por eso las firmas incluyen cada vez más a influenciadores en sus planes de venta. Esta disciplina hasta tiene nombre propio: *Influencer marketing,* la línea presupuestaria con mayor crecimiento en los planes de comunicación comercial.

Influencers según su relación con la marca

• **Explorador:** se dedica a buscar tendencias para recomendar novedades sin percibir recompensa económica alguna.

• **Representante de marca:** establece una relación comercial a corto o mediano plazo con las marcas.

• **Embajador de marca:** firma contratos de exclusividad por un lapso no menor de los seis meses. Son expertos que respiran y sienten el producto o servicio.

¿Qué busca en ti una marca?

• Coherencia, fiabilidad, relevancia, aporte de valor al contenido y profesionalismo son las cualidades a mostrar para que una marca se interese en él.

¿Cuánto cobrar?

• No hay un baremo ni una tabla de honorarios. Su tarifa dependerá de los siguientes factores:

• El país desde donde opere.

• La plataforma utilizada.

• Número de seguidores y *engagement.*

• El sector.

• El presupuesto de la marca.

Atentos a la ley

El *marketing* con influenciadores es una herramienta más de la publicidad y está regulado por normas jurídicas que varían de un país a otro. También considera son las normativas que imponen internamente las redes sociales.

El contrato

La mejor práctica para evitar malos entendidos e incumplimientos es que la relación comercial con la marca patrocinadora quede por escrito. En caso de contar con un mánager o agencia intermediaria, estos son los responsables de convenir los detalles del contrato.

PECADOS CAPITALES

Debes ser muy precavido al tratar temas delicados:

- Incitación al odio.
- Homofobia.
- Xenofobia.
- Racismo.
- Información delicada sobre menores de edad.
- Contenido con violencia excesiva y autolesiones.
- Venta o promoción de drogas.
- Amenazas.
- Temas de salud pública.
- Personas con discapacidades, ya sean físicas, mentales o psicológicas.

- Información privada de otras personas.

- Catástrofes, fenómenos naturales y hechos de violencia que involucran muertes.

- Maltrato animal.

- Contenidos de carácter sexual.

Pelear con *haters* y *trolls*

- Todo *influencer* encontrará en su camino gente que le respeta y admira, pero también personas que buscan provocar mediante debates sin sentido, insultos y mensajes ofensivos. Pero, por muy insistente que sea en sus ataques, no hay *troll* capaz de derrumbar una reputación construida sobre bases firmes.

- Tu reacción dependerá de cada caso, si se trata de un ataque individual o si es masivo. Para minimizar los ataques de esos sujetos hostiles que, lo quieras o no, serán una compañía permanente durante tu trayectoria como *influencer*:

- Establece normas en la comunidad de tu red social.

- Identifícalo.

- Mantén la calma.

- Sé indiferente.

- Bloquea y denuncia.

Robar contenidos

El plagio es el robo de la creación ajena y el uso del trabajo, las ideas o las palabras de otra persona como si fueran propias, sin acreditar de manera explícita de dónde provino la información. De incurrir en esta práctica, podría perder su credibilidad, además de posibles repercusiones legales y monetarias por infringir los derechos de autor.

No proteger tu obra

• Para que nadie sin la debida autorización le saque provecho de tu trabajo, protege tus creaciones con las diversas precauciones que ofrece cada plataforma.

Inventar o no confirmar la información

• Para algunos es una tentación mentir para encandilar al público. Las consecuencias son desastrosas y muchos han visto destruida su reputación por publicar materiales de espaldas a la verdad.

El ego desbordado

• Los tímidos y presas del miedo escénico tienen poco futuro en estos medios. Pero pasarse de la raya traerá consecuencias contraproducentes. Así que no te vuelvas egoísta ni engreído cuando alcances la fama. También, nunca irrespetes a tu audiencia. No está allí ni te sigue para ser humillada. Tus fans y seguidores son los que te llevaron hasta donde estás. Conserva la humildad si quieres mantenerlos.

La cultura general no mata

• No opines de lo que no sabes. Los usuarios de las redes sociales permanecen atentos a los errores cometidos por los famosos para abalanzarse y gozar un mundo durante el descuartizamiento.

Convertirte en *spam*

• Hay que ser constante, pero no publiques demasiado en el intento por querer decir todo sobre todo. Esta es la principal equivocación cometida por quienes quieren hacerse famosos de la noche a la mañana.

No evolucionar

• Solo los que evolucionan siguen vigentes. Quienes lleven tiempo en las redes deben reinventarse y crear estilos y novedades para que sus seguidores no se cansen de un material que, en el fondo, casi siempre es el mismo.

Desistir

• No obtener resultados a corto plazo puede hacer que cambies de estrategia sin ofrecerle otra oportunidad para que rinda beneficios. Si fuese fácil establecer una marca personal, todo el mundo tendría una. La influencia digital no surge y se desarrolla de un día para otro, se trata de una carrera de largo aliento.

La primera edición de
Construyendo un influencer
fue impresa en 2018,
en Miami, Estados Unidos.

48994478R00130

Made in the USA
Middletown, DE
17 June 2019